SEXO:
AINDA TEM MAIS!?!? (???)

Coleção Teorya?!?! Pratika?!?!
Vol. 11

Dados Internacionais de Catalogação na Publicação (CIP)
(Câmara Brasileira do Livro, SP, Brasil)

Deitos, Fátima
    Sexo: ainda tem mais!?!? (???) / Fátima Deitos. — São Paulo : Ícone, 2005. — (Coleção teorya?!?! pratika?!?! ; v. 11)

    Bibliografia.
    ISBN 85-274-0845-7

    1. Erotismo na literatura 2. Sexo - Obras de divulgação 3. Sociologia I. Título. II. Série.

05-7176   CDD-306.7

Índices para catálogo sistemático:

1. Sexo : Sociologia 306.7

FÁTIMA DEITOS

SEXO:
AINDA TEM MAIS!?!? (???)

Coleção Teorya?!?! Pratika?!?!
Vol. 11

© Copyright 2005.
Ícone Editora Ltda.

Capa, Projeto Gráfico e Diagramação
Danclar Rossato

Revisão
Rosa Maria Cury Cardoso

Proibida a reprodução total ou parcial desta obra,
de qualquer forma ou meio eletrônico, mecânico,
inclusive através de processos xerográficos,
sem permissão expressa do editor
(Lei nº 9.610/98).

Todos os direitos reservados pela
ÍCONE EDITORA LTDA.
Rua Anhanguera, 56 – 01135-000
Barra Funda – São Paulo – SP
Tel./Fax.: (11) 3392-7770
www.iconelivraria.com.br
e-mail: iconevendas@yahoo.com.br
editora@editoraicone.com.br

Sumário

Prefácio 9

Introdução 15

O Quadro da Capa 21

Sexo x Literatura 39

Da Ascese até a Paixão 81

Erotismo x Pornografia 93

Homossexualidade x Tempo 99

Parafilia 121

Parafilias x Conduta de Galanteio 140

    x Fetichismo 144

    x Eleição do Parceiro Sexual ... 167

    x Alteração da Imagem 175

    x Realização Grupal 178

Sexo x Poder x Crime 183

Sexo x Poder x Paixão 213

Sexo x Doença 229

Artes x Sexo x Kama Sutra 243

Meus Comentários não-Finais...

Bill Clinton x Mônica Lewinsky x

Ansiedade Erotizada 253

Currículo 261

FIGURAS DO LIVRO

As figuras e alguns trechos de texto foram retirados das seguintes fontes:

Livros:

1 - Clássicos da Poesia Brasileira.
   - (Versos Íntimos. Poesia de Augusto dos Anjos).
2 - As Grandes Amantes da História.
   - (Trechos do livro que compõem o bloco 10).
3 - La Medicina en el Arte.
   - (Figuras ilustrativas do Livro).
4 - Gênios da Pintura do Fauvismo ao Abstracionismo.
   - (Figuras que separam os capítulos do livro).

Internet

1 - Texto e foto de Santiago Bovisio.
   - http://www.santiagobovisio.com/por/liv/35livro.htm
2 - Resultado da Busca sobre Sadismo e foto
   de uma vítima de pedofilia.
   -http://br.cade.busca.yahoo.com/search/
   dir_cade?p=%27%27SADISMO%27%27&ei=UTF...
   - http://tv.terra.com.br/jornaldoterra/interna/0,,OI40016-
   EI1039,00.html

3 - Figuras relacionadas aos Bórgias.
  - http://www..osborgias.hpg.ig.com.br/alexandre.htm
  - http://www.osborgias.hpg.ig.com.br/galeria_de_arte.htm
  - http://www.osborgias.hpg.ig.com.br/1resurr1.jpg
  - http://www.osbrogias.hpg.ig.com.br/4susanna.jbg
  - http://www.osborgias.hpg.ig.com.br/
  cesare_et_lucrezia.jpg
4 - Figura de um exemplo de DST.
  - http://homepage.oninet.pt/082maa/DSTS1~1.HTM
5 - Capa do Livro Kama Sutra.
  - http://www.editoras.com/jze/025119.htm
6 - Figuras do Livro Kama Sutra.
  - http://cadernodigital.uol.com.br/guiadosexo/kamasutra/
7 - Foto de Bill Clinton.
  - http://i.timeinc.net/time/personoftheyear/archive/
  photohistory/images/clinton.jpg
8 - Foto de Mônica Lewinsky.
  - http://cnn.com.ru/US/9801/23/lewinsky.affidavit/
  lewinsky.jpg
9 - Texto sobre homossexualismo.
  - http://www.soniarabello.com.br/materia.asp?Mcodigo=7
10 - Lado religioso do homossexualismo.
  - http://amorygual.sites.uol.com.br/perguntas.htm

Presságio
Vinilite sobre eucatex, 1950.
Museu de Arte de São Paulo.

PREFÁCIO

→ Vou iniciar o livro sobre sexo com duas figuras:

Alma Solitária

Cruz e Souza

Ó alma doce e triste e palpitante!
Que cítaras soluçam solitárias
Pelas regiões longínquas, visionárias
Do teu sonho secreto e fascinante!

Quantas zonas de luz purificante,
Quantos silêncios, quantas sombras várias
De esferas imortais, imaginárias,
Falam contigo, ó Alma cativante!

Que chama acende os teus faróis noturnos
E veste os teus mistérios taciturnos
Dos esplendores do arco aliança?

Por que és assim, melancolicamente,
Como um arcanjo infante, adolescente,
Esquecido nos vales da Esperança?!

• João da Cruz e Souza, o autor deste poema, nasceu em Desterro, atual Florianópolis (SC), em 1861, e morreu em Minas Gerais, em 1898, aos 37 anos.

• certamente vocês lembram de outros indivíduos que morreram jovens e foram cometas, **este passou com sofrimento**, sua esposa era depressiva, morreu tuberculosa; lembram da minha avó, no volume 3?

• este poema está incluído em uma antologia simbolista das "Edições Melhoramentos" da década de 60. Nele ele fala da alma, eu penso no poema como o da alma de quem?

• do feto, o fruto do sexo, que até a década de 80 era visto como "<u>Alguma coisa Indefinida</u>".

• hoje quando se fala de feto, pode ser:

62.000 RESULTADOS

SOMENTE

EM PORTUGUÊS NA WEB.

270.000 RESULTADOS

EM TODA WEB, CHEIAS DE

DISCUSSÕES MIL !!!

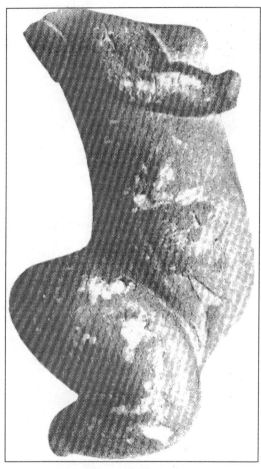

Vênus de Sirevil

→ SEGUNDA – ESCULTURA.

• a segunda figura que prometi é a da Vênus de Sirevil, esta escultura é de mais de 50.000 anos a.C. Foi encontrada na região da Dordoña, França, e mostra acentuada curvatura da coluna, as nádegas e as coxas como um bloco e ... o ventre proeminente... *o fruto do sexo*.

• é estranho iniciar um livro sobre sexo falando de gravidez, alma de feto etc. Mas, na minha opinião, é muito justo, porque a tal da sexualidade, *no início, era para procriação.*

• depois veio o prazer, e depois o pecado ... e depois o fruto do sexo, colocado por alguns como um anjo, ou jogado em baldes pelos defensores do aborto ... tudo isso e muito mais existe para falar no sexo, pois como dizia o poeta ...

... os corpos da noite.

> ... EIS, NA CALADA DA NOITE, O CORPINHO QUENTINHO DO FRÁGIL BEBÊ, EXTRAÍDO COMO UM FRUTO VERDE DO CORPO DA MÃE.
>
> *Michael Quoist.*

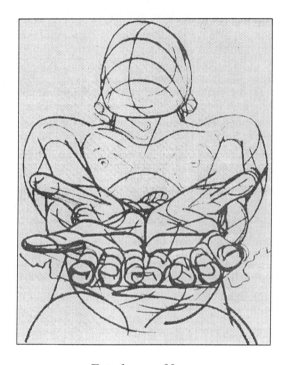

***Estudo para Nossa
Imagem Corporal.***
Coleção Particular, Milão.
(Litografia, 1945)

Introdução

→ Sua busca:

Buscar : ●Em Toda a Web
○ Somente Páginas em Português

htpp://br.cade.busca.yahoo.com/search/cade?p=%27%27SEXO%_27&ei=UTF-8&u=&btweb...

• hoje em dia uma maneira ótima de ver como as pessoas se interessam pelas coisas é fazer esta pequena pesquisa na Internet, é facílimo.

• acredito que demoraria alguns anos para ler todos estes resultados e cada um deles ainda tem os que se chamam "links relacionados" o que aumentaria mais uns dois anos.

SEXO: AINDA TEM MAIS?!?! (???)

➔ Sua busca: ("SEXO") **Buscar**

Buscar : ● Em Toda a Web
○ Somente Páginas em Português

Primeiros 10 Resultados da Web de
2.050.000

Dia: 20/04/04

http: *//br.cade.busca.yahoo.com/search/
cade?p=%27%27SEXO% 27&ei=UTF-
8&u=&btweb...*

• mas se eu fosse mais modesta e quisesse
só páginas em português, ainda assim iria
até os 60 anos, estou com 56 ...
• e vocês vão me perguntar, e vai escrever
mais? Vou!!!

**Porque tenho certeza que uma
contribuição de 31 anos de ouvir falar
sobre o tema é sempre bem-recebida ...**

→ Para iniciarmos este trabalho, é conveniente que tenham em mente este esquema:

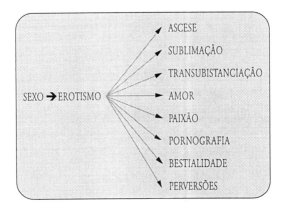

• esta tentativa de esquematização é a que até hoje vejo como mais útil para termos um guia, se bem que comentaremos muito mais que isso.
• o detalhe básico é o que, no ser humano, chama-se:

NECESSIDADE

• já falei sobre ela, esta danada é insaciável, você satisfaz a primária, que é a sexualidade procriativa ... aí vem a secundária, a de sexo com prazer ... falta a terciária, sexo com prazer e amor ...

• parou? Não, aí pode vir a combinação sexo com sofrimento ... sexo com quem habitualmente não se faria sexo ... mortos por exemplo.

• e é por causa disto tudo que sempre tem mais... mais... e mais...

O Eco do Pranto.

*Um protesto dos mais dramáticos
na pintura atual. A dor é monstruosa,
mas, tende a repetir-se e ampliar-se
na insensatez das guerras.
Museu de Arte Moderna, Nova York
(Duco sobre Masonite; 130 x 100 cm; 1937)*

Para mim ➔ *É o eco do feto, no aborto.*

O Quadro da Capa

→ *Dele se dizia que, na juventude, traçava as figuras de seus murais a tiros de revólver. Embora falsa, essa anedota revela toda compulsão para violência que fez de Siqueiros um artista na tradição revolucionária e anticonformista do quinhentista Benevenuto Cellini e do seiscentista Caravaggio.*

• *nele, o itinerário político se confunde com a biografia artística, pois está convencido de que as experiências vitais podem e devem traduzir a imagem do século XX, impregnado de ideologia e erguido sobre os pilares da tecnologia científica, superação definitiva de um passado empírico e artesanal.*

• em maio de 1940, já era bem conhecida sua ânsia incontentável pelo agitar das idéias, na pintura ou na ação, indiferentemente. Nem por isso foi menos sensacional a prisão de Siqueiros como chefe de um ataque com bombas e metralhadoras à casa de Leon Trotski, num subúrbio da capital mexicana.

> Mas Siqueiros, stalinista fanático, era uma glória nacional. Era um dos três maiores pintores do México. Com Rivera e Orozco, havia criado o muralismo mexicano, importante escola da pintura moderna.

• *esse muralismo ganha uma unidade fundamental ao **renegar a pintura de cavalete**, de consumo individual, **e propor-se** como uma arte monumental e heróica, **uma arte para todos**, uma arte pública.*

• *arte pública, disseram Siqueiros, Rivera e Orozco, é igual a arte mural. Assim começou, em torno de 1922, o movimento que se tornou raiz e tronco de toda a pintura mexicana e das ramificações desta na escultura, na música e no cinema.*

• *mas só pode ser compreendido, juntamente com a personalidade de seus criadores, como o produto de uma revolução nacional.*

• *esta é que estimulou a procura das origens de um esplendor antigo (maias e astecas), de uma plenitude presente (a nação que se ergue unida) e de uma liberdade futura (os povos livres criarão a grande arte e a grande ciência).*

> **AÍ CESSA A UNIDADE**
> **SE**
> **HOUVESSE UM TEMA**
> **DETERMINADO: UM ÍNDIO**
>
> **Rivera** ➜ *Pintaria um homem capaz de sofrer.*
>
> **Orozco** ➜ *Pintaria um homem sofrendo.*
>
> **Siqueiros** ➜ *Pintaria o sofrimento.*

• *muitas heranças correm no sangue de Siqueiros, inclusive a de uma avó romeno-judia. Nasceu em Chihuahua, a 29 de dezembro de 1896. Órfão de mãe desde pequeno, viveu como nômade em seu círculo familiar, absorvendo uma mistura de teses liberais e idéias conservadoras. A família do pai, Cipriano Alfaro, habitava a província de Guanajuato, rica em tradições coloniais e mestiças. Após um vaivém incessante, em 1908, Cipriano instalou-se na Cidade do México.*

• Matriculou os filhos em bons colégios católicos e incutiu-lhes o interesse pela arte. Levava-os a visitar igrejas e conventos, sobre cujos valores históricos e estéticos dissertava longamente. Foi Dom Cipriano quem inscreveu o jovem David, de quinze anos, na renomada Academia de San Carlos, onde lecionava Leandro Izaguirre, autor do quadro indigenista "O Suplício de Cuauhtemoc". É oficialmente considerado o maior pintor nacional do momento.

> ➜ *Lá, Siqueiros conhece o Dr. Atl, homem culto e progressista, e também Orozco, que – então com seus 28 anos – começava a dedicar-se inteiramente à arte. Ambos defendiam a renovação do sistema de ensino, decalcado nos modelos franceses. Siqueiros participou, com eles, da greve que os estudantes organizaram em 1911 e, pela primeira vez, dormiu na cadeia.*

• neste mesmo ano desencadeou-se o movimento revolucionário mexicano, contra

o ditador Porfírio Diaz, afinal deposto por Francisco Madero, que, em seguida, foi eleito presidente. Siqueiros havia se alistado no Batallon Mama, todo formado de garotos.

• _em 1914, ano do golpe do General Huerta contra Madero, já era capitão no exército revolucionário do General Carranza, das fileiras de Zapata. Entre os combatentes, na cidade de Guadalajara, ele e outros artistas-soldados reúnem-se num singular congresso e discutem o que devia ser a arte de um povo rebelado._

• _tomados de ardor patriótico, pintando o alvorecer das aldeias camponesas com o revólver apoiado da prancheta, bebendo o "pulque" (cachaça mexicana) oferecido por miseráveis aldeãs, todos reencontravam as matrizes nacionais._

• _e os quadros primitivistas, as gravuras populares em madeira e papel inferior, não sugeriram apenas a pobreza de seus autores, mas as fontes étnicas de um povo determinado a libertar-se e a instruir-se. Quão distante estava agora a velha academia!_

> • em 1919, Siqueiros é nomeado adido militar da Embaixada mexicana na Espanha. Começam assim suas andanças européias. Diego Rivera, que conhece em Paris, abre-lhe os olhos para as grandes inovações da pintura francesa: fauvismo e cubismo. Em troca, Siqueiros narra e comenta a revolução. Juntos percorrem a Itália, a Bélgica e a Espanha. Completam os magnificentes afrescos dos mestres italianos e intuem sua atualidade com a arte para as massas.

• é em Barcelona que Siqueiros divulga o primeiro manifesto de uma vida pontilhada de manifestos. Expressava então as idéias de todo o grupo: harmonizar a estrutura geométrica com o conceito, impor o espírito construtivo sobre o decorativo, fazer dos cones, cubos, esferas, cilindros e pirâmides as bases de toda a composição plástica.

Sexo: ainda tem mais?!?! (???)

> • em 1922, de volta ao México, funda com Rivera e Orozco a escola dos muralistas. Era uma certeza fundamental do grupo, do qual o precursor, entre outros, fora o Dr. Atl, que o mural era a arte popular. Todos se dedicaram a pintar, inicialmente, em velhos prédios coloniais, num reflexo de sua tendência a ligar-se à tradição. Mais tarde, prefeririam grandes edifícios modernos, nos quais era possível planejar a integração entre mural e arquitetura. A fim de defender posições e pleitear contratos com o governo, o grupo cria um ativo sindicato, cujas campanhas foram dirigidas principalmente por Siqueiros.

• data desta época o mural incompleto de Siqueiros para a Escola Preparatória Nacional, intitulado O "Enterro do Operário". O mural não pôde ser terminado e, em 1924, juntamente com um de Orozco, foi seriamente danificado por adversários políticos: um ano antes, junto com quase todo o grupo, Siqueiros havia aderido ao

Partido Comunista, e até 1940 dedicou-se mais à política do que à pintura. Posteriormente, em acirrada divergência com ele, Rivera e Orozco diriam que mais proveito teria em trabalhar do que em falar.

• de fato, ambos têm mais obras a mostrar pelos muros do que Siqueiros. Mas não foram vãos esses anos de militância: pelo interior, onde fundava sindicatos mineiros, passou muito tempo observando as pinturas folclóricas e as máscaras astecas em pedras obsidiana. Esses elementos formaram, em sua memória, motivações que ele utilizava livremente em sua pintura.

*• dessa fase pouco prolífica é "Mãe camponesa", em que o artista conservou, sob a assinatura, a data do primeiro esboço feito em aquarela, em 1924. O quadro funde aquilo que aprendeu na Europa – a pintura mural italiana de Giotto a Masaccio, o cubismo e o novecentismo – com as tradições da arte pré-colombiana, dando vida a imagens portentosas. **Na minha opinião, um dos melhores quadros da pintura universal.***

• *absorto pela política e pela edição, com Rivera, de um jornal sindical – aliás ilustrado com esplêndidas xilogravuras –, Siqueiros acabou sendo preso durante as manifestações antigovernamentais de 1º de maio de 1930. Durante o meio ano que ficou detido, produziu uma série importante de pinturas de cavalete e litografias. A seguir, confinado judicialmente na pequena cidade de Tasco, fecundos imprevistos o acompanharam.*

• *por exclusiva carência financeira, começou a pintar sobre velhas ripas de madeira. Para que o óleo cobrisse as imperfeições da trama áspera, engrossou-o com copal, uma resina. Surpreso, notou que aquela pobre combinação lhe permitia obter empastes cálidos e palpitantes que tornavam mais densos os volumes. Os vermelhos, azuis e ocres, que sempre prevaleceram em sua pintura, ficam ao mesmo tempo sombrios e delicados. Estava sugerido um tipo de material e de textura que Siqueiros nunca mais abandonaria.*

• *as novas técnicas materiais somaram-se às novas técnicas visuais, instauradas pelo cinema. Pois, entre uma data e outra, Siqueiros havia conhecido Sergei Eisenstein, o cineasta soviético que influenciaria de modo decisivo suas idéias plásticas. Eisenstein estava no México. Trabalhava em seu filme inacabado "Que Viva México!", um gigantesco mural cinematográfico da revolução mexicana. E descortinou a Siqueiros as potencialidades expressivas da arte que tanto honrou: o contraponto visual, a montagem analógica, a simultaneidade de movimentos.*

• por volta de 1935, Siqueiros fez-se amigo do psicanalista Gregory Zilboorg, estudioso dos problemas do suicídio. Assim, pintou um painel com relevos aplicados: "Suicídio Coletivo". Exércitos inteiros submergem num holocausto vulcânico, nessa obra que faz parte de uma série antibelicista e profética, aqui exemplificada por duas reproduções: "Explosão na Cidade", impressionante previsão das explosões atômicas, é de fato uma "esculto-pintura", pois foi trabalhada em grossas seções superpostas de madeira, no estúdio experimental de Nova York.

> • *em o "Eco do Pranto", o choro do menino se difunde pelos escombros, e o eco dilata a mesma voz – imagem, sinal de uma tragédia destinada a repetir-se e amplificar-se.*

• *outra vez Siqueiros abandona a pintura, para alistar-se, em 1937, nas brigadas internacionais que lutavam ao lado dos republicanos da Espanha. Alguns elementos, que eram seus inimigos político e artístico, o apelidaram "El Coronelazo", que foi seu mais célebre auto-retrato, em que o "coronelão" mostra o punho cerrado, em posição de desafio.*

• *um temperamento que se presta à ação rápida e audaciosa pode entediar-se numa longa guerra de trincheiras lamacentas. Efetivamente, Siqueiros passa boa parte da conflagração espanhola em Barcelona, discutindo pintura nos meios artísticos e colaborando na retaguarda do movimento revolucionário antifranquista.*

• deixa a Espanha em 1939 para uma exposição em Nova York e para pintar um mural no Sindicato dos Eletricistas do México: "O Processo do Fascismo". O assunto, desenvolvido sobre três paredes, é uma análise do fascismo, de suas causas e fins. No detalhe reproduzido, uma figura bestial sintetiza Hitler e Mussolini, com a cabeça repetidora de papagaio, pois também é um boneco mecânico controlado por outrem. O ditador arenga às massas arregimentadas e despersonalizadas, e o prédio em chamas do fundo alude ao incêndio do Reichstag, ordenado por Goering como pretexto para a repressão policial.

• Em 1942, no Chile, pinta o mural "Morte ao Invasor", síntese da história chilena, e edita "Arte Civil", onde expõe seu ideário estético. Outros livros: "El Muralismo de México (1950) e Como se Pinta um Mural (1951)".

> • *a série mais importante de todos os murais de Siqueiros começa após seu retorno ao México, no fim da II Guerra Mundial. Termina então o tríptico A "Nova Democracia", que representa uma súmula de suas esperanças no renascimento mundial, após a hecatombe que, na Europa, sacrificou, entre vidas e feitos, a própria arte. Siqueiros usa símbolos – as costas ensangüentadas, os pulsos amarrados, as correntes partidas, a tocha americana da liberdade, o barrete frígido da Revolução Francesa – como quem usa "slogans". Mas o tom geral é menos de protesto que de confiança na dignidade humana. Exemplarmente, o conteúdo do quadro realista, sendo os símbolos – tradicionais ou inéditos – usados para poupar detalhes informativos.*

• a pintura universal ficará devendo a Siqueiros múltiplas inovações quanto aos materiais e quanto às normas de composição plástica. Como o mural é arte para *as massas, deve ser-lhes completamente acessível. Seu lugar ideal é, portanto, o grande espaço aberto, a parede na praça, o frontão do edifício, o pátio interno, o corredor de entrada. Numa época de avanço técnico, ainda teriam sentido murais que desbotam, descascam e racham com a água das chuvas, que usam um processo de oitocentos anos de idade?*

• os antigos eram obrigados a pintar murais em lugares recônditos, no interior de igrejas e castelos. Mas hoje existem novas tintas, tão resistentes que a dos automóveis e prédios são revestidas de materiais vitrificados. Esse raciocínio é que levou Siqueiros a pesquisar as propriedades dos novos colorantes de nitrocelulose, adaptando-os às necessidades do momento afresco sobre cimento, pois o afresco clássico se fazia em paredes cobertas de argamassa e cal. Sua obsessão com as tintas foi tamanha que ele próprio passou a fabricá-las. Para as obras de Cuernavaca, instalou um laboratório onde trabalhou com um grupo de químicos e obteve pigmentos e bases mais duráveis.

SEXO: AINDA TEM MAIS?!?! (???)

> • *naturalmente, seria impensável que um só homem pudesse recobrir extensas superfícies em tempo útil. Assim, Siqueiros sempre trabalhava em equipe, restabelecendo a praxe renascentista em que o mestre concebia a obra e os discípulos ajudavam a executá-la.*

• *se a obra de Siqueiros resiste à passagem do tempo, não é apenas porque ele tomou as precauções materiais para tanto. Em 1950, quando obteve o grande prêmio da Bienal de Veneza, já era considerado um mestre. Com a morte de Rivera e Orozco, é o último dos grandes muralistas a manter aceso o fogo da revolução mexicana. Em todos os seus trabalhos exprime-se um arrebatamento juvenil e um clima de terror dramático. Suas cenas são de apocalipse, de revelação e de êxtase. É fácil descobrir, na militância social e política de Siqueiros, uma preocupação sobretudo humana, que se integra plenamente com o artístico. Sobre os princípios latentes de sua pintura, soube aplicar a tecnologia da era industrial, como resul-*

*tado da sua inquietude de experimenta-
lista e do seu entusiasmo de criador.*

• *acho que Siqueiros pelo seu "eco do
pranto", pela força de sua pintura é absolutamente adequado para acompanhar-nos
neste livro.*

• *as obras comentadas neste texto serão
colocadas no decorrer do livro.*

• *Na realidade escolhi Siqueros por um
motivo fundamental, muito se tem escrito
sobre ele, homem público Siqueros; mas
sobre sua intimidade nada se sabe. O sexo
também é assim, muito falado, muito comentado, mas sempre misterioso.*

Do Porfirismo à Revolução.

*Movimentos complexos chegam
a romper a simetria retangular da sala e a
destacar o simbólico cavaleiro.
Castelo Chapultepac, Cidade do México.
(Vinile sobre tela preparada; 240cm²;
1957-1966.)*

Sexo x Literatura

Vamos iniciar com literatura erótica através dos tempos

➔ Reza o Rig Veda, poema religioso indiano que data de quinze séculos antes de Cristo:

> E O HOMEM DESEJA A MULHER
> TÃO NATURALMENTE
> QUANTO A RÃ DESEJA A SUA CHUVA

• o Rig Veda e o bíblico Cântico dos Cânticos mostram que o erotismo na literatura parece ter nascido ao mesmo tempo em que surgiu a necessidade de expressão através da palavra escrita. Podemos acrescentar que homens e mulheres sempre procuraram fruir e dar expressão literária ao desejo tão naturalmente quanto procuravam satisfazer esse desejo.

→ O conjunto de textos preservados desde a Antiguidade mais remota, no Oriente e no Ocidente, é suficiente para formar uma substanciosa biblioteca erotológica.

• na Grécia, Platão, em seu o 'Banquete', celebra o erotismo além dos limites da heterossexualidade.
• Aristófanes lega ao futuro comédias de extrema licenciosidade. As peças de Sátiros, escritas por Ésquilo, Sófocles e Aristóteles, como complementos de suas tragédias, também eram extremamente livres em matéria sexual.

Ésquilo

Sófocles

- uma das lendas mais populares entre gregos era a de que, certa noite, Hércules teria mantido relações sexuais satisfatórias com 49 das 50 filhas de Téspius, Rei da Beócia.
- em Roma, o sexo representa papel essencial não só para Ovídio. Está presente também nas obras de Marcial, Juvenal, Ausone, Suetônio, Petrônio e Horácio, além de Apuleio, autor de "O Asno de Ouro", uma das maiores novelas picarescas de todos os tempos.
- na Idade Média, apesar da repressão e da perseguição a bruxas e demônios, a tradição da literatura erótica pôde manter-se na clandestinidade. Os próprios monges, no recesso de alguns mosteiros, encarregaram-se de preservar as obras clássicas oficialmente comentadas.
- a Renascença assistiu a uma vigorosa revalorização da sexualidade, com Bocaccio e Aretino.

Apuleio

Pietro Aretino

→ Pietro Aretino nasceu em Arezzo, em 20 de abril de 1492. Famoso por suas violentas críticas aos grandes da época, aos religiosos, granjeou inimigos que chegaram a ameaçá-lo de morte. Viveu principalmente em Veneza.

• de família humilde, não teve formação clássica e, mesmo depois de enriquecido por chantagens contra os poderosos, que temiam a agressividade de seus escritos, fez questão de permanecer plebeu, avesso às convenções classicistas, ao petrarquismo, ao moralismo e a todos os mitos que sustentavam as concepções literárias da época.

• conhecido por seus escritos pornográficos, sobretudo "I Ragionamenti" (1534-1536, As argumentações); os "Capitoli" (1540, Capítulos); as canções líricas e os "Sonetti lussuriosi" (1525, sonetos luxuriosos), Aretino é, porém, mais importante como jornalista. Suas críticas mordentes e, às vezes, caluniosas eram divulgadas no *Pasquino*, em Roma, e em *Delle Lettere* (1538-1557), distribuídos em volantes.

• sua independência, que dispensava a proteção dos ricos, manifestou-se também na literatura. Enquanto os comediógrafos de sua época imitavam Plauto, Aretino soube ser original, utilizando uma linguagem popular; na prosa, substituiu a metáfora petrarquista por expressões menos convencionais e mais vivas.

• na tragédia "Orazia" (1546), embora não tenha criado uma grande obra, atingiu originalidade inexistente em outros autores do teatro italiano quinhentista. Pietro Aretino morreu em Veneza, em 21 de outubro de 1556.

• aqui um de seus célebres e diretos sonetos:

Mais que sonetos este livro aninha,
Mais que éclogas, capítulos, canções.
Tu, Bembo ou Sannazaro, aqui não pões
Nem líquidos cristais e nem florinhas.

Marignan madrigais não escrevinha
Aqui, onde há caralhos sem bridões,
Que em cu ou cona lépidos dispõem-se
Como confeitos dentro da caixinha.

Gente aqui há que fode e que é fodida
De conas e caralhos há caudal
E pelo cu muda alma já perdida.

Fode-se aqui com graça sem igual
Alhures nunca assaz reproduzida
Por toda a jerarquia putanal

Enfim loucura tal
Que até dá nojo essa iguaria toda
E Deus perdoe a quem no cu não foda.

SACHER - MASOCH (1836 - 1895)

➜Leopold Franz Johann Ferdinand Maria Sacher - Masoch teve seu nome associado a um tipo especial de perversão sexual, fato que o imortalizou e banalizou em todos os idiomas do mundo. Masoquismo tornou-se sinônimo de prazer obtido pela dor e sofrimento. Mas Leopold merece mais do que isso. Foi um dos maiores escritores do seu e de todos os tempos.

• Masoch era de uma ascendência nobre. A cidade em que nasceu levava o nome de seu bisavô e o seu próprio: Leopold. Seu pai era a maior autoridade da região. Um conselheiro com o título de cavalheiro. Algo como um prefeito e um delegado reunidos em um só poder. Masoch herdou do pai a inclinação pelos prazeres do sexo? Bem, o certo é que ele foi uma figura poderosa para Masoch. Homem que amava o luxo, a caça, não tinha vergonha em exaltar o próprio sucesso.

• no século XIX, a Áustria pertencia ao Império Austro-Húngaro, e os nobres falavam francês, que era considerada a língua culta. Masoch alfabetizou-se em francês e alemão. Estudou filosofia e ciências naturais. Aspirava e conseguiu tornar-se um romancista de primeira linha.

• Tinha um projeto literário extremamente ambicioso. Pretendia, num conjunto de 20 livros ilustrados, "O Legado de Caim", fazer uma síntese da condição humana em seus aspectos literários, naturais e filosóficos. Mas os homens têm a memória curta para a arte e aguçada para as perversões. Masoch retratou em seus romances suas próprias inclinações, e isso o condenou.

• em 1869, Masoch, então com 33 anos, conheceu Fanny de Pistor Bogdanoff, bela mulher, nobre como ele, e que, acima de tudo, o amava. Leopold lhe propõe um pacto redigido como contrato: durante seis meses ele seria seu criado. Ela poderia fazer com ele o que bem entendesse. A única ressalva é a que permitia que ele continuasse escrevendo seus romances durante três horas por dia.

• o contrato era, para Masoch, uma forma de reinventar as relações entre homem e mulher. Havia algo de "Fausto" também na idéia. Um pacto onde o prazer é obtido a custa de sofrimento. Fanny estranha a proposta, mas, por amor, aceita. O casal empreende uma viagem pela Itália. Passeiam extasiados pelos belos e antigos cenários de Nápole. Masoch vestido e comportando-se como um criado polonês, que acompanhasse a princesa.

• ele tinha uma fantasia. Deveriam encontrar um amante para ela, jovem e belo, que a possuísse. Eles o chamariam de Grego. Finalmente, ela pediria ao amante que chicoteasse seu criado, que se comportara mal. A primeira parte do plano deu certo. Fanny realmente conseguiu um amante. Era um ator chamado Salvini. Mas o rapaz se recusou a surrar Masoch. Este suplicou, beijando-lhe os pés, que o castigasse. Sem sucesso. Em seu livro **A Vênus de Peles**, a cena aparece inteira, e, na literatura, o amante não hesita o criador. O gozo é atingido.

• com **A Vênus de Peles**, Masoch tornou-se um escritor conhecido. A fama trouxe uma enxurrada de assédios, alguns sinceros, outros oportunistas. Um desses viria a marcar a vida do escritor. Trata-se do encontro com Wanda.

• abandonada pelo pai e vivendo em péssimas condições com a mãe, que lavava roupa para o exército, Wanda conheceu Madame Frischauer, que julgava ter razões para se vingar de Masoch. Seu filho, um jornalista corrupto, fora denunciado por Leopold. Madame Frischauer leu o livro de Masoch e percebeu sua fraqueza por mulheres dominadoras.

• obrigou Wanda, que era sua empregada, a ler o livro também. Convenceu a jovem de que Masoch a adotaria se ela encarnasse os desejos perversos dele. Fez mais. Escreveu uma carta a Masoch oferecendo seus préstimos e seu amor. Wanda assinou a missiva. Masoch engoliu a isca e respondeu assim: "Se eu tivesse a sorte de encontrar uma mulher que pudesse encarnar essa Vênus das peles, essa mulher eu amaria, eu a adoraria até a loucura, eu poderia me tornar seu escravo, mesmo que ela fosse apenas uma arrumadeira, porque só espero da mulher beleza e amor".

> • quando Wanda, que em verdade chamava-se Aurora Rümelin, e foi rebatizada como Alice por Masoch, percebe que ele estava fisgado, passa a sonhar com o casamento. A segurança de estar ao lado de um nobre era por demais tentadora. Havia um impedimento. Wanda usava em seus encontros uma máscara, e se dizia casada para mais inflamar o desejo de Masoch.

• ela aprendera em seus livros que o ciúme é afrodisíaco. Os encontros com uma dama comprometida tinha sabor especial para Leopold. Wanda dispõe-se a abandonar o suposto marido. Masoch era ainda noivo de Jenny. Decide-se por abandoná-la em favor de Alice/Wanda. Esse é apenas o início de seu aviltamento. Quando Wanda percebe que ele está plenamente dominado, retoma a idéia do contrato.

• envia para Masoch uma carta com o seguinte trecho: "Se me ama como diz, deve assinar o texto anexo, acrescentando-lhe algumas palavras para confirmar que aceita todas as minhas condições e que dá sua palavra de honra de ser meu escravo até o último suspiro. Prove que tem coragem de se tornar meu marido, meu amante, e ... meu cão". Leopold aceita, com a condição de que ela tire a máscara.

> *Ele descreve assim o primeiro encontro amoroso dos dois: "Wanda: dispa-se.*
> *Eu tiro o casaco, quer me amarrar os pés, quer fazê-lo ela própria, amarra-me os pés e as mãos, me chicoteia; inclina-se para mim, pergunta se gosto daquilo. Volúpia. Depois aproxima seus lábios dos meus. Como quero beijá-la, ela se afasta, quer que eu lhe suplique, depois chicoteia com tanta força que mal posso suportar".*
> *Caso limite entre um romancista e seus personagens. Ele criou Wanda e aceita agora se tornar o escravo de sua própria criatura.*

•Wanda, moça pobre que ascendeu à burguesia com o casamento, logo se tornou uma enfadonha dona de casa. Tiveram três filhos, sendo que o primeiro foi vítima do surto de cólera que se abateu sobre a Europa em 1873. Viveram juntos ainda 13 anos, quando tiveram o segundo e o terceiro filho, Alexandre e Demétrius. A separação de Wanda só veio em 1886 com a morte do filho Demétrius e o encontro com Hulda Meister, que seria sua segunda esposa.

• Hulda era uma burguesa tradicional, mas amava Leopold. Deu segurança emocional a ele. Foi o apaziguamento. Masoch teve várias outras amantes, nas quais perseguiu seu ideal feminino, ou seja, mulheres fortes, autoritárias, que lhe infligiam os castigos esperados. Com Hulda teve mais três filhos.

• Sacher - Masoch morreu em 5 de março de 1895, aos 59 anos. Seu corpo foi levado para Heildelberg e cremado conforme sua vontade. Deixou mais de 30 romances, ensaios e contos publicados. Sua fama como amante singular ultrapassou seu gênio como escritor.

Ele viveu a época de ouro da literatura libertária francesa, o que equivale a dizer a melhor do mundo naquele período.

SEXO: AINDA TEM MAIS?!?! (???)

→Wilhelm Apollinaris de Kostrovitsky (1880-1918), que usava o pseudônimo de Guillaume Apollinaire, nasceu na Itália, filho de uma aventureira polonesa com um alto prelado da Igreja Católica Apostólica Romana. É claro que o cardeal jamais admitiu essa paternidade, e Apollinaire foi criado em Paris, sem pai reconhecido.

• Tornou-se um dos maiores poetas franceses ao escrever "Zone", uma dolorosa fantasia romântica que figura até hoje entre os clássicos franceses.

• Apollinaire viveu a passagem do século na França, e a coisa fervilhava por ali. Artistas de todo o mundo rumavam para a "cidade luz" à procura de inspiração e aventura. Stravinsky apresentava ao mundo sua obra máxima, "Sacre du Printemps" (A Sagração da Primavera); Picasso vivia o auge de sua fase cubista, com os corpos das figuras decompostos como cubos de papelão desmanchados; o grande poeta Marinetti lançava o "Manifesto Surrealista". Todos esses artistas e movimentos estavam questionando o "olhar sobre o mundo".

• Apollinaire e os amigos mudaram-se para o bairro de Montmartre, em Paris.

• Montmartre era cosmopolita, área de intelectuais cujos escritórios eram os cafés. O quartel general dos modernistas ficava num deles, chamado *Les deux magots*. A vida parisiense fervia em torno. A fotografia já era uma realidade no burburinho das cidades. Belas mulheres posavam para os lambe-lambe em frente ao mercado das flores. Prostitutas ou damas povoavam, nuas, o imaginário de Apollinaire, que as sonhava livres de qualquer preconceito.

• ele era então um poeta respeitado, editor da conceituada revista "Lês Soirées de Paris" (As Tardes de Paris), mas sua criação esfuziante não se limitava aos versos bem construídos de rima romântica. Nas madrugadas, após viagens de absinto, Apollinaire escrevia outros livros, entre eles uma obra-prima do erotismo: "Lês Onze Mille Verges" (As Onze Mil Varas). É claro que não os podia publicar com seu nome.

- os autores modernistas, entre os quais figurava Apollinaire, viviam à sombra do movimento cubista, que tinha sua origem nas artes plásticas. Faltava à literatura esse *status* de originalidade. Eles foram buscá-lo nos transgressores, aqueles que o "sistema" cultural não havia absorvido até então (e que não assumiu até hoje). Entre os primeiros da fila de espera estavam o Marquês de Sade (cuja apresentação pode ser encontrada neste mesmo link) e Sacher-Masoch.
- inspirando-se neles, Apollinaire escreveu "As Onze Mil Varas". Para abrandar a escolha e justificar-se, usou como subtítulo, "Sadomasoquismo sem sentimento de culpa", obra cheia de descrições que fizeram arrepiar aos moralistas de então e de hoje, contra a vida e as aventuras do príncipe Romero Vibescu.
- embora personagem ficcional, o príncipe Vibescu tinha inspiração no próprio Apollinaire, que também era descendente, por parte de mãe, do leste da Europa, e que, como seu protagonista, ambicionava viver aventuras sexuais em Paris.

• a história do príncipe começa em Bucareste, cidade que é uma das principais entre as que dividem Oriente e Ocidente. Localizada geograficamente na Europa, foi profundamente influenciada pela Ásia, assim como pela Turquia, com seus costumes diferenciados e exóticos.

• Apollinaire escreve que, ao príncipe Vibescu "bastava pensar numa parisiense para imediatamente ficar de pau duro e ser forçado a masturbar-se, com beatitude". O jovem Apollinaire também deve ter se masturbado com as possibilidades sexuais de Paris na adolescência.

• Apollinaire morreu jovem, aos 38 anos, durante o surto mundial de gripe espanhola que devastou a humanidade e chegou, inclusive, no Brasil. Seus livros libertários e eróticos foram publicados com pseudônimo, mas seu estilo refinado o denunciou.

Foi perseguido na França e obrigado a negar seu trabalho. Seus perseguidores perderam-se no tempo. Ele é reconhecidamente um dos maiores autores de todos os tempos.

• a importância da prisão, na prosa sadeana, é grande, posto que treze anos de vivência na cadeia acham-se refletidos na brutalidade de seus heróis fictícios. O inverno de 1778 foi decisivo na formação do processo mental do Marquês. Imaginando jamais ser solto, Sade começou a construir um mundo próprio dentro dos confins de sua cela; suas cartas já não refletiam a preocupação com uma possível soltura, mas traziam novas observações. Sade pede à sua esposa que lhe envie livros e materiais para escrever.

• em 1783, em outra carta à sua esposa, confessa que "o lado mais sombrio de sua natureza estava estabelecendo rápido e permanente controle sobre sua mente". Mas antes de tal fato se consumar literariamente, o Marquês foi transferido de sua atual prisão (Vincenmes) para uma nova, a Bastilha. Nessa cela, em 1785, inicia a redação de seu primeiro romance, **Os 120 Dias de Sodoma**, começando do seguinte modo:

"*As grandes guerras que impuseram tão pesado fardo a Luís XIV esgotaram tanto os recursos do tesouro quanto do povo. Mas mostraram também a um bando de parasitas o caminho da prosperidade. Tais homens estão sempre a espreita de calamidades públicas, que não se preocupam em aliviar, antes procurando criá-las e alimentá-las a fim de que possam tirar proveitos dos infortúnios alheios.*"

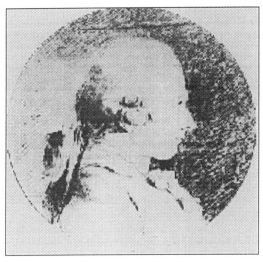

Marquês de Sade

Sexo: ainda tem mais?!?! (???)

→ Em 15 de novembro de 1786 iniciava-se um processo criminal em Paris. O réu, Donatien Alphonse François, ou melhor, o Marquês de Sade, também conhecido como Divino Marquês por uma pequena parcela de intelectuais e artistas. Tal processo fora iniciado devido à tentativa de um editor – Jean Pauvert – de lançar as obras completas do Marquês. O tribunal mostrava-se contrário, porquanto desde o início do século XIX as obras mais picantes de Sade eram tidas como capazes de destruir o corpo e alma de qualquer leitor.

• entre os homens supracitados, Sade tirou seus quatro heróis ficcionais (em sua maior parte religiosos) que iriam recolher-se durante o inverno no castelo de Silling, junto a uma série de pessoas visando dar-lhes toda a assistência em matéria de libertinagem. Esses 120 dias dividem-se de acordo com os tipos de vícios a serem executados: paixões simples, paixões complexas, paixões criminosas e paixões assassinas. Mais do que o relato incessante de desvios sexuais, é a criação, no romance, na qual Sade parece desenvolver seu próprio mundo, em que o prisioneiro é o senhor. Um lugar onde "já não há repressões, já não há obstruções. Não há nada a não ser a consciência". Só a primeira parte do livro foi escrita, o restante foi desenvolvido em anotações.

• no ano de 1788 começaria o ataque direto à autoridade real. A aristocracia francesa, que perdeu para a coroa boa parte do seu poder político, juntava esforços para restaurar sua condição. Se a nobreza queria reforma, os comuns também a queriam. Quando o rei concedeu que empreendesse a reforma, os comuns imediatamente exigiram paridade de representação com nobreza. Em janeiro de 1789 houve uma eleição, já sob o sistema reformado, na qual aproximadamente um quarto da população votou. Os Estados Gerais foram determinados diante da autoridade real.

• em junho de 1789, estava claro que Luís XVI já não controlava a avalanche democrática. Suas tropas moveram-se em direção a Paris, tendo recebido ordens para dispersar a multidão envolvida no tumulto da Praça Luís XV.

• Sade acompanhava todo o movimento de sua cela na bastilha, A Torre da Liberdade, chegando a crer que fosse libertado. Para tal, improvisa um auto-falante e se dirige à multidão ao redor da torre, insistindo para que assaltassem a Bastilha antes que atrocidades iminentes se efetuassem. Porém, dez dias antes da Queda da Bastilha, o Marquês é removido para o manicômio de Charenton, sendo os outros prisioneiros postos em liberdade.

• em 1791, novamente na prisão, o Marquês retoma sua atividade como ficcionista, escrevendo "Filosofia na Alcova", o qual mostra um deliciar-se com toda espécie de crueldade sexual, justificando o vício e a brutalidade sob a alegação de que tal proceder é republicano, o texto trata-se de uma irônica denúncia à República de Robespierre. O livro desmascara toda e qualquer religião, exceto a de Satã, a bondade e a filantropia são desencorajadas como motivadoras da revolta dos oprimidos. A república da moralidade natural é descrita por Sade em relação a sua atitude para com pretensos crimes; não haverá pena capital aplicada pelo governo, nem em caso de assassinato. É claro que na fase final de sua obra, Sade procurava desmantelar a Revolução Francesa; mesmo em "Juliette", também se pode observar uma semelhança entre a Jacobina " Sociedade dos Amigos da Constituição" e a fictícia " Sociedade dos Amigos do Crime".

• no dia 15 de outubro Sade é novamente libertado, vivendo em estado de penúria, tendo sido novamente aprisionado no dia 8 de março de 1801, novamente no manicômio de Charenton, onde se dedicou a escrever romances históricos e a encenar suas peças.

Em 1795, após publicada "A Nova Justine", nosso Marquês é acusado, e sem, nenhum processo, somente com uma decisão administrativa, julgado louco, mas perfeitamente lúcido, transcorre os últimos 13 anos de sua vida. Morre no dia 2 de dezembro de 1814, com a idade de 74 anos. Passou os últimos 13 anos de sua vida internado.

• dos 74 anos de sua vida passou 30 recluído. Suas obras só foram resgatadas e reabilitadas no século XX.

HENRY MILLER

→Poucos escritores causaram tanto escândalo em seu tempo, e mesmo além dele, quanto o americano Henry Miller. Nascido em 1891, Miller escolheu Paris para viver, mas não como os bem-sucedidos autores que residem na Cidade Luz, usufruindo da fama. Henry Miller tinha quase 50 anos quando publicou seu primeiro livro, "Tropic of Cancer", uma narrativa confessional como as de Santo Agostinho ou Rousseau, mas baseada em suas experiências com as prostitutas francesas.

• nenhum escritor soube valorizar tanto a putaria como ele. Havia um rito sacro e mistérios cósmicos em cada trepada descrita. O sucesso foi imediato, e a censura também. O livro foi proibido em várias partes do mundo, e foi o que o promoveu, é claro. Na década de 30, a descrição crua do sexo, embora apaixonada e sincera, feria suscetibilidades. O livro passou a ser referência para masturbações adolescentes, e sua dimensão artística foi sufocada. Mas

Miller chegara para ficar, e logo lançou "Tropic of Capricorn".

• para Henry Miller, descrever os homens em seu sexualismo extremo era uma obrigação da literatura moderna, conforme suas próprias palavras numa entrevista: "na realidade pouca revolta de qualquer espécie é permitida ao homem moderno. Ele já não age, ele reage. Ele é a vítima que, afinal, veio a ser apanhada na sua própria armadilha".

• em seus livros, Miller dá ao sexo uma dimensão sacra. Os personagens chafurdam na lama, são descritos com franqueza quase pornográfica, mas com tal naturalidade de estilo e humor que assumem uma grandeza indiscutível. A crítica literária européia saudou Miller como a culminância de uma corrente literária que remonta o século XVIII.

→ Henry Miller tornou-se um clássico absoluto quando publicou a trilogia "Sexus, Plexus, Nexus", que ele chamou "A crucificação Encarnada". Como nos outros livros, esse romance narra trechos de sua própria vida, embora ele negasse. Sobre seu processo, declaro: "fiz uso, ao longo desses livros, de irruptivos assaltos ao inconsciente, tais como sonhos, fantasias, burlescos, trocadilhos pantagruélicos, etc., que emprestam à narrativa um caráter caótico, excêntrico, perplexo". Tudo isso é verdade, mas também é o que Miller vivia na pândega e descrevia isso.

DAVID HERBERT LAWRENCE

➜ David Herbert Lawrence, que viria ser conhecido universalmente como D. H. Lawrence, nasceu na aldeia de Eastwood, no Reino Unido, em 1885.

• sua obsessão por mulheres, sexo e amor revelou-se desde cedo. Embora ele custasse a se decidir sobre a quem amar, tendo perdido a virgindade só aos 23 anos, conseguiu traduzir esses temas numa obra literária magnífica.

• as mulheres de Lawrence são decisivas para a existência dos homens, de forma positiva ou não. Elas são, segundo ele, o angelical e o animal da natureza encarnados no humano.

• Lawrence julgava que o sexo era nosso ser fundamental. Isso está expresso em seus livros. No "Arco-íris" ele assim se coloca numa trama em que os personagens agem acima das convenções sociais, conforme seus desejos.

SEXO: AINDA TEM MAIS?!?! (???)

> • as paixões não escolhem gênero ou fai-
> xas em seus romances. Assim, a jovem
> casada e grávida torna-se amante da pro-
> fessora de música, e a matrona apresen-
> ta o sexo para o adolescente. Tudo isso
> era demais para o início do século na In-
> glaterra.

→Wladimir Nabokov, o célebre autor de "Lolita", romance que viria a popularizar a expressão ninfeta, era ou não um pedófilo (fixação sexual em crianças)? Bem, em sua biografia não existem indícios claros de que ele houvesse algum dia chegado aos finalmente com alguma deliciosa pré-ado-lescente. Mas certamente ele era um voyeur (fixação na visualização da sexua-lidade) de ninfetas, caso contrário não con-seguiria chegar a uma descrição como a que seu personagem Humbert faz, ao ver sua lolita pela primeira vez:

• *"os ombros frágeis, cor de mel, as cos-tas flexíveis, nuas e sedosas, os cabelos castanhos avermelhados. E, como se eu fosse a aia de uma princesinha de conto de fadas (perdida, raptada, descoberta em andrajosos trajos ciganos através dos quais sua nudez sorria para o rei e seus cães de caça), vi o encantador e retraído abdômen, e as ancas infantis, com a marca crenulada deixada pelos shorts..."*

Nabokov

> • Vi o clássico filme Lolita na década de 60. O ator principal, James Mason, era o protótipo do "gentleman", fino, elegante. Sua performance, derretendo-se, queimando de sexualidade por Sue Lyon, que encarnava Lolita é simplesmente fantástica !!!

➜ Nascido em 1912 e morto em 1980, Nelson Rodrigues é, de forma quase incontestável, o maior dramaturgo brasileiro.

• uma das maiores qualidades de seu teatro é a forma clássica que conseguiu dar a textos que tratavam de temas urbanos cariocas. Ele escreveu tragédias com a densidade imprimida pelos gregos, 2.500 anos atrás. Mas esse seria um caminho conservador se Nelson não tratasse suas peças como folhetins pornográficos, cujo tema principal é o sexo.

• seus personagens são safados, incestuosos, adúlteros, homossexuais, escandalosos. As tramas envolvem traições, cupidez e morte. Os cenários vão das residências humildes da zona norte do Rio, palcos de crimes e taras, até as mansões onde os ricos chafurdam na lama moral, mais ou menos culpados ou culposos.

• a vida de Nelson Rodrigues foi tão trágica e rocambolesca quanto sua obra. E sua postura política em relação ao poder e aos costumes tão reacionária quanto inversamente foi revolucionária sua obra.

• a obra de Nelson Rodrigues é, na História da Arte, um dos grandes exemplos da independência de um legado em relação ao seu autor.

➜O texto a seguir pertence ao artigo:

O EROTISMO NA LITERATURA FEMININA DO INÍCIO DO SÉCULO XX – DA SUBMISSÃO AO DESAFIO AO CÂNONE.

Nelly Novaes Coelho.
(Professora Universitária, pesquisadora
e crítica literária – USP)

Dele vou extrair alguns trechos:

> ### O que era a poesia feminina no início do século XX.
>
> "Nascidas no apagar das luzes do século XIX, Colombina, Gabriela, Gilka, Juana e Florbela surgiram num momento em que a poesia feminina era vista como o "sorriso da sociedade", rótulo dado pela crítica à poesia lírico-pueril então em moda nos salões e revistas culturais. Poesia que cantava a convencional graça feminina, ingênua e casta, lamentos de amor não correspondidos etc. Criticando a mesmice dessa poesia, o crítico argentino, José Bariel, escreve, em 1921: "(essa poesia) não conhece outro mundo senão o dos amores, [...] e está constituída por um íntimo horror contra a expressão da vida real e comum, ou chamar as coisas por seus nomes. Obedientes unicamente a sua infantil imaginação e a essa atitude espiritual do subjetivismo da ficção, todas elas imaginam a mesma coisa, todas expressam os mesmos sentimentos e convergem para os mesmos motivos, formas, frases, locuções e termos" (El Hogar n. 588).

GABRIELA MISTRAL

(pseudônimo de Lucila Godoy y Alcayaga. Chile, 1889-1957) – **Sonetos de la muerte**, 1915.

• Figura que se tornou quase lendária na América do Sul, Gabriela Mistral levou uma vida praticamente errante, imposta pela carreira diplomática e sua obstinada luta em defesa da Educação e dos direitos humanos. Foi a primeira mulher sul-americana a receber o Prêmio Nobel (1945), ocasião em que foi consagrada como o "mais alto nome da poesia feminina em língua espanhola".

• Desde adolescente entregou-se a uma vida de ação, notabilizando-se por sua preocupação com a americanidade; por seu trabalho revolucionário no âmbito da educação feminina.

• Seu universo poético é dinamizado por duas interrogações básicas: qual o verdadeiro lugar da mulher em um mundo que afundava, por ter perdido sua ordem, seu centro? E qual a verdadeira identidade dos povos sul-americanos, solapados pela cultura européia?

Gabriela Mistral

> • Coerente com seus ideais, sua poesia exalta duas faces da mulher: a **mater familiae**, procriadora, protetora, responsável pela continuidade da humanidade e pela harmonia e equilíbrio da família; e a **mulher apaixonada**, entregue ao amor como um destino superior, luminoso, avassalante, mas trágico porque irremediavelmente condenado à morte.

• Sua poesia única e repleta de imagens singulares não mostra influências do modernismo nem das vanguardas.

➔ descendente de espanhóis bascos e índios, Lucila Godoy y Alcayaga nasceu em Vicuña, uma vila do norte do Chile. Com apenas 15 anos começou a dar aulas.

• seu noivo cometeu suicídio em 1907, fato que marcou a obra e vida de Gabriela Mistral. Ela nunca se casou e se dedicou somente ao trabalho.

SEXO: AINDA TEM MAIS?!?! (???)

• venceu um concurso literário chileno em 1914 com "Sonetos de la Muerte", assinados com o pseudônimo Gabriela Mistral, formado a partir do nome de dois poetas que admirava, o italiano Gabriele D'Annunzio e o francês Frédéric Mistral. Seu primeiro livro de poesias, 'Desolación' (1922), inclui o poema Dolor, no qual fala da perda do amado.

• o sentimento de maternidade frustrada aparece nos trabalhos seguintes, "Ternura" (1924) e "Tala" (1938).

• colaborou na reforma educacional do México e do Chile. Representou seu país como consulesa em Nápoles, Madri, Lisboa e Rio de Janeiro. Em 1954 publica "Lagar". Lecionou literatura espanhola na Universidade de Columbia. Morreu em Hempstead, no Estado de Nova York.

AMOR AMOR

Anda libre en el surco, bate el ala
en el viento
Late vivo en el sol y se prende al pinar.
No te vale olvidarlo como al
mal pensamiento:
¡lo tendrás que escuchar!
Habla lengua de bronce y habla
lengua de ave;
ruegos tímidos, imperativos de mar.
No te vale ponerle gesto audaz,
ceño grave:
¡lo tendrás que hospedar!
[...]
Te oferece el brazo cálido, no lê
saves huir.
Echa a andar, tu le sigues
hechizada aunque vieras
¡que eso es para morir!

Em Gabriela Mistral, o Amor essencial, autêntico, amor-paixão que arraiga nas profundezas do ser erótico, está indissoluvelmente ligado à morte.

SEXO: AINDA TEM MAIS?!?! (???)

• deixei muitos de fora ...

Boccaccio, Petrônio, Flaubert, mas o que não posso deixar é este poema de Augusto dos Anjos, chamado:

"Versos Íntimos"

Vês?! Ninguém assistiu ao fato formidável
Enterro de tua última quimera.
Somente a Ingratidão – esta pantera –
Foi tua companheira inseparável!
Acostuma-te à lama que te espera!
O Homem, que, nesta terra miserável,
Mora, entre feras, sente inevitável
Necessidade de também ser fera.

Toma um fósforo. Acende teu cigarro!
O beijo, amigo, é a véspera do escarro,
A mão que afaga é a mesma que apedreja.

Se alguém causa inda pena a tua chaga,
Apedreja essa mão vil que te afaga,
Escarra nessa boca que te beija!

(**Livro:** *Clássicos da Poesia Brasileira,*
Coletânea Zero Hora.)

Cuauhtemoc Contra o Mito.

É a escultura que fica ao pé do mural, no lado esquerdo. Uma outra, de explícita fatura asteca, está colocada no lado oposto, nesta primeira intuição de "esculto-pintura".

Da Ascese até a Paixão

→ O termo não tem, no momento, o significado que lhe foi dado originalmente.

• a ascese é um exercício positivo e perseverante da vontade, chegar a uma finalidade nobre e depurada, com um ideal moral definitivo.

• seria necessária uma purificação prévia e longa para alcançá-la. Daí se chegaria ao que refletiria melhor, o sentido da palavra do qual nasceu, do grego: Askesis = treinamento.

• na atualidade existem movimentos como o de Santiago Bovisio, onde são realizados cursos que levariam a tal estado pessoal. Segue um texto editado por este grupo que contém uma parte do curso de seu programa.

Livro XXXV:
A Renúncia no Mundo e nas Almas

PRÓLOGO

Neste curso, único por suas características (em realidade, apontamentos de um retiro ditado a Superiores de grupos, numa data que ignoramos), pode-se observar, melhor que em outros escritos, o grande revolucionário da vida espiritual, o rebelde que enfrenta as tradições obsoletas e o conjunto das superstições oficializadas, o Mestre de Renúncia da Nova Era. É da mesma categoria que esse rebelde que morreu no martírio, Jerônimo Savonarola, seu Diretor Astral. Os princípios fundamentais de sua doutrina, a Reversibilidade, o movimento Ired, a morte mística, o Corpo Místico de Cafh, a Potência Redentora do Maytreja e outros – foram expostos aqui com todo o rigor, às vezes descaradamente e sem disfarces. Em alguns parágrafos se expressa poética e lapidarmente: "odeiam-nos, querem nos destruir" (10,45), coisa que ocorreu, desgraçadamente, poucos anos depois de sua morte.

As afirmações que pronuncia no próprio capítulo 10, são estremecedoras; são as palavras de um profeta antigo: "nossa responsabilidade se capitulou; antes, era possível corrigir uma alma individual com um pequeno castigo que movesse seu arrependimento; hoje, isto é impossível. A potência de Cafh exige do Cavalheiro Grande Mestre enfocar-se unicamente na Mensagem Universal que o mundo das almas anelantes e com possibilidade de união espera para salvar-se".

A missão que assumiram os Discípulos Fiéis ao publicarem as Ensinanças pela Internet a toda a humanidade, sem restrições, responde a essa exigência do Mestre Santiago Bovisio: a Mensagem Universal, em suas próprias palavras e com seu próprio fogo. A Mensagem Universal da Renúncia já está em todo o mundo.

Santiago Bovisio

PARA RECORDAR E MEDITAR

1,4: A ação sem apego não participa dos compostos usados: compõe, permanecendo simples.

Capítulo 2:
EXERCÍCIOS PARA CHEGAR À AÇÃO SEM APEGO

1 – *Intensificação do Voto de Silêncio como hábito de uma ação inativa;*

2 – *Deixar os negócios para depois;*

3 – *Não resolver nada quando tenho entusiasmo ou quando estou inspirado;*

4 – *Ler os jornais depois de três ou quatro dias;*

5 – *Interromper uma pessoa quando me relata algo interessante: continuar depois;*

6 – *Resolver os problemas desagradáveis e que não são de meu agrado;*

7 – *Na direção das almas, guardar ciosamente os segredos vitais.*

SEXO: AINDA TEM MAIS?!?! (???)

> **PARA RECORDAR E MEDITAR**
> *2,4: Ler os jornais depois de três*
> *ou quatro dias.*

Capítulo 3:
A RENÚNCIA COMO ASCESE

1 – *Os caminhos ascéticos levam a alma perseverante a um resultado positivo;*

2 – *A ascese é uma potência adquirida que decresce se faltar a continuidade do exercício;*

3 – *A ascese não exclui o praticante, do imprevisto e da morte;*

4 – *A ascese não é tal, se não se faz permanente, habitual, no praticante;*

5 – *A ascese de renúncia (passiva) é a única que se faz una com a alma;*

6 – *A ascese passiva não pode ser conquistada se a alma não afasta todo fruto de êxito, e se não adapta seu estado mental, emocional e físico, antes de começar o caminho místico. É necessária uma limpeza total de desejos, de apegos, de defeitos; é necessário um abandono total nas mãos de Cafh e do Mestre;*

7 – *A ascese dos livros, dos poderes, dos resultados é daninha ainda se for efetiva.*

• na realidade, o termo ascetismo vem do Grego:

> *Askeo = exerço.*
> *Asketes = atleta.*

• neste terreno entram aspectos estranhos como elevar o espírito, mortificando a carne.

• no filme "Em Nome da Rosa" feito sobre o romance de Umberto Ecco, há uma cena brilhantemente feita por um ator que encarna um monge obeso, branco e lascivo, que se excita vendo os noviços durante o dia, e flagelando-se à noite.

• vistos de uma maneira evolutiva, erotismo e amor são partes de um mesmo processo, os degraus de uma escala que se pode passar durante a vida.

• o sexo seria o ato puro em si, regido pelas leis da natureza, o cio do bicho homem.

> • o erotismo seria um produto especificamente humano, fruto do desejo e da fantasia que tanto poderia transformar-se em continência sexual, como a sublimação, bem como as perversões. Lembram do esquema do começo do livro???

SEXO: AINDA TEM MAIS?!?! (???)

• graças ao erotismo o homem sai da servidão da sexualidade e entra no terreno da poesia, já estética, da exaltação mística, ou pode cair nas aberrações da libertinagem e das parafilias.

• no amor confluiriam o sexo e o erotismo em comunhão. É algo extraordinariamente singular que quem o sentiu, sabe que é uma experiência única de uma singularidade frágil e intensa.

> • é claríssima a sensação e a diferenciação dos dois, e detalhe: no organismo, quando ocorre o sexo com amor é claramente a sensação de mergulhar no meio de nuvens violeta e voar entre elas como um corpo formado apenas pela massa, de onde tivessem tirado todo peso.

• o amor ao próximo, a Deus, a nossos filhos, é totalmente distinto. São sentimentos que formam uma espiral para o fundo da alma humana e falar nele precisaria de vários outros livros.

• o que se sabe é que o caminho do erotismo para a espiritualidade é favorecido:
• por claras definições sexuais.
— macho ou fêmea – submetidos a firmes restrições culturais, assim se observarmos na arte:

> **O quadro "Êxtase de Santa Teresa de Bernini"**

E:

> **Os vigorosos atributos sexuais com que Michelangelo decorou a Capela Sistina.**

• pelo contrário, a relativa indefinição sexual estaria ligada a perversões e parafilias em geral.
• ... e a paixão ... fala-se nela, quando se vai ao dicionário. Já desde termos como atração amorosa até Paixão de Cristo ... eu muito sei dela, sei que é a soma de toda nossa afetividade, tudo colocado num imenso caldeirão, e é com essa coisa que realizamos:

- Nossas façanhas mais ousadas ...

- Nossos momentos mais marcantes...

- Nossos pincaros da glória ...

E

TAMBÉM

- FAZEMOS
NOSSAS MAIORES BURRADAS ...
- NOSSAS MAIS LOUCAS
ESCOLHAS ...
- E VAMOS COM ELA AOS
FUNDOS DO INFERNO.

A Marcha da Humanidade

Mural cujo tema não é apenas mexicano, mas latino-americano.
Fixa as multidões que partem da miséria rumo à emancipação final. Cuernavaca, México (resinas sintéticas sobre cimento; 460cm²; 1966).

SEXO: AINDA TEM MAIS?!?! (???)

COMO JÁ HAVIA
COMENTADO ANTES, CONSIDERO
ESTA FIGURA DO
MURAL UMA DAS
MAIS FORTES
E INCISIVAS DA
PINTURA MUNDIAL

Erotismo x Pornografia

→O erotismo é uma atitude que privilegia, na vida social e nas manifestações culturais, as formas da vida sexual propondo-as como valores absolutos.

• bonito, não ?!? só que na enciclopédia européia depois desta entrada com a força do movimento de abertura da Nona sinfonia de Bethoven, a coisa fica um pouquinho diferente ...

• ... prosseguindo ... é questão controversa a relação que tem o erotismo com a pornografia, isto é, com o emprego deliberado, na comunicação literária ou figurativa, de meios ordenados a suscitar a excitação sexual. **TEORICAMENTE**, pode-se definir ambos conceitos com uma certa claridade **todavia**, **no plano prático** e em relação aos conteúdos, é sumamente difícil a distinção, dado que a lei prevê, em todos os países, medidas representativas da pornografia verdadeira e própria.

• segundo ... o fenômeno da pornografia denuncia uma presença tentacular na sociedade, chegando a delimitar o território, não somente lingüístico, em que se inscreve culturalmente o erotismo.

• o grande problema que nós enfrentamos para distinguir entre ambos tem várias origens, vou citar as principais, para tentar esclarecer o tema:

EROTISMO

• é um termo ambíguo, entre seus inumeráveis significados, é o que o relaciona mais fortemente com a palavra grega:

EROS = Desejo ascenciona

• este desejo animou Platão, Santo Agostinho até transformar-se em:

tensão solucionadora dos conflitos econômicos e sociais, na utopia de Herbert Marcuse: Eros e Civilização.

• o erotismo sempre esteve entre a realização e a moral; existe um autor chamado Bataille que, em 1957, afirmou que ao propor o ideal universal da caridade, o cristianismo tinha imposto um giro na relação entre:

O HOMEM

O CORPO

O MUNDO

E OS DEMAIS

• isto impedia ao verdadeiro cristão reconhecer no erotismo o valor da absoluta necessidade do prazer, na realização de toda ação e, sobretudo, na relação com os demais.

- o cristianismo, por meio de São Paulo, colocou o corpo e o espírito em campos opostos: o erotismo como característica do comportamento da carne fica abolido e mais ainda, é uma prática que rebaixa os não crentes, incapazes de elevar-se.
- na modernidade a partir do renascimento e culminando no século XX com a antropologia, a psicanálise e outras correntes têm resgatado o patrimônio erótico da humanidade.

PORNOGRAFIA

- o erotismo e a pornografia na atualidade: as observações benévolas que se puderam fazer sobre o erotismo desde uma perspectiva ética, ficam cada vez mais ensombrecidas pelas produções pornográficas.

- durante o período da chamada "Revolução Sexual" proliferam estudos para tentar organizar os dois. Na realidade, na prática atual, tratando-se do cinema, da publicidade e o abuso da liberdade de expressão nos meios audiovisuais, o erotismo e a pornografia são aspectos complementares do exibicionismo e da exploração gráfica da sexualidade humana desde a mais inocente atração sexual até a exposição e comercialização do sexo cru em suas formas degenerativas e grotescas.

• aliás ... não precisa andar muito. Vá até a banca mais próxima de sua casa e olhe!!!

Cuauhtemoc Contra o Mito

O herói asteca luta contra os primeiros conquistadores espanhóis torna-se símbolo contemporâneo da independência. Santiago Thaltelolco, Cidade do México. (Piroxilina sobre celotex; 75m²; 1944).

HOMOSSEXUALIDADE X TEMPO

→O termo "homossexualidade", que ora suscita apreciação minuciosa em razão do Projeto de lei 1.151, de autoria originária da ex-deputada Marta Suplicy, apareceu pela primeira vez, em inglês, no ano de 1890, usado por Charlçes Gilbert Chaddock, tradutor de Psychopathia Sexualis, de R. Von Krafft-Ebing. No século XIX, antes de 1890, usava-se o termo "inversão", que abrangia todos os conceitos considerados desviantes dos modelos majoritários. No Brasil, eram utilizados os designativos "sodomita", "somitigo", "uranista" e, para a designação da mulher homossexual, "tríbade".

• o termo "invertido" foi utilizado pela primeira vez, em 1882, por Magnan e Charcot, para assinalar um suposto traço doentio na homossexualidade e para representar o conseqüente quadro de degenerescência deste perfil estigmatizado por homens efeminados e por mulheres masculinizadas, pessoas que ora pugnam pelo reconhecimento de suas parceiras, não mais apenas sob o prisma do afeto, mas também sob o enfoque do direito.

• em 1869, um médico húngaro chamado Karoly Benkert expediu uma missiva ao Ministério da Justiça da Alemanha do Norte em defesa dos homossexuais que eram importunados por dissidências políticas. Benkert, nessa carta, defendia a homossexualidade como comportamento normal e, "contrario sensu", anormal o homossexualismo, porém, depreendia de seus estudos que este comportamento, de amor e sexo que transcendia o enfoque padrão, era algo inato e não adquirido.

• não obstante a meticulosa diligência do eminente clínico, que acrescentava que se o homossexualismo era algo anormal e inato, merecia ser tratado pela medicina e não perseguido pela justiça. O artigo 175 do Código Penal do Segundo Reich, referendando a assertiva de que quem aprova a pena de morte é porque já matou em si mesmo a esperança e a fé, punia com pena de morte os homossexuais.

• esse mesmo fanatismo daqueles que se julgam imortais incensando a própria imagem, abrindo com foices os caminhos da vida e, enfeitando-a com buquês de impropérios em torno da subserviência e degeneração de uma classe em oposição às demais, foi o que animou os jesuítas, na catequização dos aborígines das Américas, a decapitarem vastamente a etnodicéia e deteriorarem toda a cultura dos povos pré-colombianos; foi o que inspirou os espanhóis que, entre os Sécs. XVI e XVII dizimaram toda a população asteca no México e, ainda, incitou o genocídio nazista que na Europa eliminou, junto a seis milhões de judeus, 220.000 homossexuais, segundo dados da Igreja Luterana Austríaca.

HOMOSSEXUALISMO

➔Homossexual é a pessoa que sente atração por alguém do mesmo sexo. Há controvérsias sobre quem cunhou a expressão, que vem do grego **homos** (o mesmo) e do latim **sexus** (sexo). Alguns pesquisadores dizem que ela apareceu pela primeira vez numa troca de correspondência entre dois alemães, Karl Heinrich Ulrichs e Karl Maria Kertberry, em 1868.Outros defendem que a idéia foi do médico húngaro Karoly Maria Benkert, em 1869.

• a abreviatura "homo" começou a aparecer em 1929 em publicações *underground*. Era uma gíria de rua. Ela só ganhou popularidade quando foi publicada pela primeira vez, em 1933, numa revista satírica da Inglaterra, *Ordinary Families.*

• Na Grécia antiga, onde o homossexualismo era prática comum, não havia termo específico para designá-lo. O filósofo Sócrates (469-399 a.C) era adepto do amor homossexual. O exército encorajava o alistamento de casais de homossexuais. Os gregos acreditavam que dois amantes lutariam até a morte, lado a lado. Os homens mais bonitos eram escolhidos para o comando.

CRONOLOGIA DO MOVIMENTO HOMOSSEXUAL

➜ **1476 (09 de abril)** – Leonardo Da Vinci comparece perante o tribunal de Florença para responder à acusação de sodomia, juntamente com Baccino, alfaiate; Jacopo Saltarelli, ourives; Bartolomeu de Pasquino, ourives e Lionardo de Tornabuoni que, como Saltarelli, vestia-se de negro. A pena legalmente prevista era a morte na fogueira, mas eles acabaram absolvidos por falta de provas. Ninguém testemunhou contra os cinco homossexuais, especialmente para não se indispor com Lourenço de Médici, soberano da cidade toscana e primo de Tornabuoni.

• a absolvição permitiu que Leonardo da Vinci vivesse mais 43 anos, deixando um acervo incompatível de obras artísticas, científicas e culturais. Uma fogueira chegou perto de privar o mundo de um dos homens mais extraordinários de todos os tempos. Quem passou pelas amarguras da homossexualidade foi também seu contemporâneo, Michelangelo Buonarotti. Viveu uma vida de asceta e de trabalho, dilacerando-se entre as paixões que lhe permitiram criar o "Juízo Final" da capela Sistina no Vaticano e sua religiosidade de cristão convicto. Dele é a frase, "O meu contentamento é a melancolia".

➜ **1810** – A adotação do Código Napoleônico retirou os delitos "homossexuais" do Código Penal da França (ressalte-se que, na época, a palavra e o conceito de homossexual ainda não era como hoje o entendemos).

➜**1860** – No Texas, Estados Unidos, lei prevê a prisão para os "sodomitas". Tal lei vigoraria até o ano de 2000.

➜**1871** – O parágrafo 175 é introduzido na legislação penal alemã para punir o comportamento homossexual entre homens. É prevista pena de até dez anos de prisão e reeducação para os gays.

→**1897** – Surge o Comitê Científico Humanitário, primeiro grupo dedicado à defesa dos direitos de homossexuais. Seu fundador é o médico Magnus Hirschfeld, alemão de origem judaica. Através do comitê, por muito tempo, Hirschfeld lutou contra o parágrafo 175 da lei alemã, defendendo os direitos dos homossexuais ao lado de Adolf Brandt, Fritz Radzuweit e outros.

→**1917 (outubro)** – Com a revolução comunista na Rússia bolchevique, são extintas antigas leis contra atos homossexuais.

→**1920** – Mugnus Hirschfeld abre em Berlim o Instituto de Ciências Sexuais, que se mantém único e foi altamente comentado pelo mundo.

→**1933** – 835 pessoas são condenadas na Alemanha em base ao parágrafo 175 do Código Penal que se referia às punições ao comportamento homossexual.

→1934 (março) – Na União Soviética, em razão de um decreto assinado por Maximo Kalinim, passa-se novamente a considerar as relações íntimas entre indivíduos do sexo masculino como puníveis com prisão de três a oito anos, conforme a gravidade daquilo que é então taxado e enquadrado como "crime". Eliminam-se, assim, todas as conquistas sexuais libertárias da Revolução de Outubro.

→ 1936 – A partir da aplicação do parágrafo 175 do Código Penal, 5.321 pessoas são condenadas na Alemanha nazista, incluindo-se aí muitos heterossexuais opositores do regime ou inimigos pessoais dos poderosos. Impingia-se aos inimigos a acusação considerada mais degradante.

→1939 – São enviadas para os campos de concentração alemães 24.450 pessoas acusadas de atos homossexuais.

→ 1942 – Entre 50 mil e 80 mil homossexuais permanecem presos nos campos de concentração da Alemanha nazista, estando estigmatizados com um triângulo rosa nos uniformes de trabalho.

➜**1946** – Nasce, ao fim da Segunda Guerra, a Associação dos Homossexuais Holandeses, conhecida pelo discurso de vanguarda.

➜**1954** **(7 de junho)** – Suicida-se Alan Turing, matemático homossexual e inventor da Colossus, precursora do moderno computador, com a qual os ingleses decodificaram os códigos secretos de Adolf Hitler e mudaram o rumo da Segunda Guerra. Em 1952, Turing havia sido preso pela polícia inglesa acusado de indecência (homossexualismo), tendo que interromper suas pesquisas e ser submetido a tratamento corretivo à base de hormônios.

➜**1961** – O filme britânico "Victim" torna-se o primeiro filme em língua inglesa onde é pronunciada a palavra "homossexual". Pela primeira vez um homem diz a outro: "I love you".

➜ **1968 (6 de outubro)** – Troy Perry, ex-pastor pentecostal, funda a primeira denominação evangélica gay, com o pomposo nome de Universal Fellowship of Metropolitan Community Churches (UFMMC). Com 28 anos, Perry estava divorciado da esposa e já havia sido excluído da igreja de Deus, carismática, por sua conduta homossexual. A Universal Fellowship é tida como a maior organização que congrega homens e mulheres homossexuais, com cerca de 300 igrejas em pelo menos dez países, inclusive, por último, o Brasil.

➜**1969 (16 de julho)** – Três semanas depois dos distúrbios de Stonewall, uma igreja episcopal de Nova York abre suas portas para o segundo encontro de planejamento do *Gay Power*. A essa altura o homossexual Robert Williams já havia sido ordenado pastor episcopal.

➜ **1970** – O movimento gay se radicaliza com a criação da Frente de Libertação em Londres. Dois anos depois, a primeira marcha do orgulho gay reúne 2 mil participantes.

➜ 1973 (abril) – A diretoria da *Americam Psychological Association* (APA) retira o homossexualismo da sua lista de disfunções, que até então era um desvio sexual. Bem antes era considerado um distúrbio sociopático de personalidade (até 1968). A decisão foi tomada sob pressão muito forte da parte dos líderes dos movimentos favoráveis ao homossexualismo e em ambiente de intimidação.

➜ 1976 – Dois anos depois de os luteranos terem organizado os Luteranos Interessados, outras redes de homossexuais foram formadas em várias confissões cristãs: a Afirmação, entre os metodistas unidos; o Integridade, entre os episcopais; o Dignidade, entre os católicos; o Afinidade, entre os adventistas do sétimo dia; a Convenção de Lésbicas Católicas; os Amigos dos Assuntos que Interessam a Lésbicas e Gays, entre os Quackers; e a Associação para Assuntos de Lésbicas e Gays, na Igreja de Cristo Unida.

➜ 1977 (janeiro) – A Igreja Episcopal de Nova York ordena a primeira pastora abertamente lésbica.

→ **1977** – Tem início o San Francisco's International Gay and Lesbian Film Festival, o mais antigo festival gay de filmes.

→ **1978** – Letha Scanzoni e Virginia Ramey Mollenkott publicam "Is the Homossexual My Neighbor?" (Meu Próximo é Homossexual?), um livro discretamente a favor dos homossexuais cristãos, que conseguiu obter lugar nas prateleiras de livrarias cristãs e elogios da parte de críticos seculares e cristão em revistas sérias, como Christianity Today, The Christian Century, The Journal of the Evangélical Theological Society e The Christian Ministry.

→ **1979** – Uma pesquisa realizada pelo periódico Medical Aspecto in Homossexuality entre 10 mil psiquiatras revela uma preocupante discrepância entre a posição oficial da Associação Americana de Psiquiatria e a opinião de muitos de seus membros. Dos entrevistados, 60% disseram que os homens homossexuais eram menos capazes de "relacionamentos maduros e amorosos" do que os homens heterossexuais. E 69% disseram "sim" à pergunta: "O homossexualismo geralmente representa uma adaptação patológica?"

1980 – Pelo menos oito livros a favor da posição homossexual já estão no mercado americano (vou citar alguns):

– Homosexuality and the Western Christian Tradition (*Homossexualismo e Tradição Cristã Ocidental*);
– Homosexual behavior among males (*Comportamento Homossexual entre Homens*);
– The Church and the Homosexuality (*A Igreja e o Homossexualismo*);
– The Lord is my Shepherd and he Knows I'm gay (*O Senhor é Meu Pastor e Sabe que sou Gay*);
– Time for Consert (*Tempo para Consentir*);
– Another Kind of Love (*Outro modo de Amar*).

A maioria deles foi publicada por editoras importantes (*Westminster Press, SCM Press e Thomas Moore Press*).

LADO RELIGIOSO:

SER GAY NÃO É PECADO?

Não. Você pode ser pecaminoso, por exemplo. Oprimindo outras pessoas, prejudicando-as, explorando-as, fazendo-as sofrer, levando-as a qualquer tipo de decadência, independente de ser homo ou heterossexual. Ser gay não piora nada – nem melhora –, assim como não muda ser homem ou mulher, ter olhos azuis ou castanhos. Apenas se trata de uma outra dimensão das coisas.

MAS AS IGREJAS NÃO CONDENAM O HOMOSSEXUALISMO?

Algumas igrejas 'aceitam' e têm grande quantidade de homossexuais mesmo em seus cargos oficiais, com a condição de que nunca se fale disso abertamente. Naturalmente isso não é uma solução satisfatória, se queremos que a religião faça crescer a Verdade e a Ética!

Já a maior parte das igrejas tenta *converter os gays* (mesmo se já são convertidos!) e curá-los (apesar do reconhecimento oficial mundial (OMS) de que não se trata de nenhuma doença!); aqueles que não aceitam fingir nem se sugestionar de que foram "curados" (ficando, aí sim, mais doentes por dentro) acabam sendo expulsos.

Tais igrejas podem agir bem intencionadas, querendo livrar as pessoas 'do pecado' e 'do inferno'. O que elas ainda não entenderam é que:

1 - *Ser gay, em si, não prejudica a ninguém, nem mesmo ao próprio gay; e principalmente:*

2 - *Ser gay não é uma escolha, como a escolha de comer carne ou não, ou de fazer uso da prostituição ou não: ser é a parte inseparável da estrutura mais íntima da pessoa – pelo menos tanto quanto ser canhoto ou ter olhos verdes. (Se alguns psicólogos ainda não aceitam isso, todos concordariam que é ainda mais estrutural que o dom para esta ou aquela profissão.)*

• houve época em que os canhotos eram considerados do diabo, e a igreja perseguia até a morte as pessoas que acreditavam que a Terra gira em torno do Sol – sem falar dos gatos, principalmente os pretos, ajudando com isso a espalhar a peste, pela proliferação de ratos! Acusar os gays é apenas mais um capítulo da mesma história de ignorância e violência.

A BÍBLIA NÃO PROÍBE?

• para ler a Bíblia com proveito é preciso tentar chegar até o Espírito que a inspira, pois no nível superficial das palavras encontramos muitas contradições.

> • Jesus, no Novo Testamento, nos diz que emprestemos dinheiro sem esperar devolução (Lucas 6:34-35), que ofereçamos o outro lado da face a quem nos bateu de um lado (Mateus 5:38-42), e que chamar o irmão de imbecil "louco" (Mateus 5:21-22) é tão grave quanto matar. Qual é a igreja, porém, que cobra de seus membros o cumprimento desses mandamentos, a ponto de expulsá-los se não mudarem de jeito?

• o mesmo livro da Bíblia que diz que é errado um homem se deitar com outro (Levítico 18:22 – 20:13), diz também que é errado comer ou tocar em presunto, camarão, peixes de couro (Lev.11), misturar dois tecidos na roupa (Lev. 19:15) e até cortar a barba! (Lev. 19:27). Em dezenas de passagens se diz que não descansar no "sábado" (dia do descanso semanal) é pecado gravíssimo, que traz maldições e deve ser punido com a morte (Êxodo 31:14-15). A maior parte dos cristãos, porém, acha boas razões para relativizar essas ordens, de acordo com seu bom senso. É provável que estejam certos (pois o próprio bom senso deve ser dado por Deus!). Por que, no entanto, eles se recusam a usar essa mesma tolerância em relação às passagens contra o homossexualismo (muito menos numerosas que as contra o trabalho no sábado!)???

• como vemos, nenhum cristão está "limpo" a ponto de poder jogar a primeira pedra nos homossexuais (João 8:7). E, segundo Jesus Cristo, os que querem condená-los ao inferno estão condenando a si mesmos (Mateus 7:1-2. 7:12), pois nenhum é isento de viver quebrando algum mandamento bíblico!

• porém, o gay cristão não deseja a condenação dos que o acusam, pois aprendeu com o Mestre a abençoar seus inimigos e dizer: "Pai, perdoa-lhes, porque não sabem o que fazem" (Mateus 5:44, Lucas 23:34).

DEUS E OS GAYS NA HISTÓRIA

• é sempre bom lembrar que a Bíblia também relata o amor profundo entre dois homens: "Jonatas e Davi fizeram um pacto, pois aquele o amava como sua própria alma". (I Samuel 18:1-4). Palavras de Davi sobre Jonatas: "Tu me eras deliciosamente querido; teu amor me era mais precioso que o amor das mulheres". (II Samuel 1:26).

•se acreditamos que Deus nos fez a sua imagem e semelhança, e que Deus é o grande criador, ou seja, é criativo ... onde é que vemos a qualidade criativa em maior intensidade na humanidade? Não é entre os artistas? E entre os artistas não encontramos também um índice mais alto de homossexualidade?

> • foi do meio dos gays que surgiram muitos dos maiores artistas que criaram obras a Glória de Deus (por exemplo: o escultor e pintor Michelangelo, provavelmente Handel, que compôs o oratório "O Messias" com seu famoso Aleluia, entre dezenas de outros). Será que Deus teria interesse em descartar tantos e tantos dos seus filhos mais brilhantes?

Quando perguntamos com toda sinceridade, não é essa a resposta que temos 'ouvido' dentro de nós. Em outras palavras:

Aqui e em todas as partes, inúmeros gays que buscam sinceramente a Deus (inclusive colocando-se totalmente à disposição dele para terem mudada sua orientação sexual) têm ouvido no fundo dos seus corações:

"Não blasfeme contra mim: eu te fiz assim, porque eu te quero assim".

Deus te fez e te ama:
Deus não te exchii!

Mãe Camponesa.

Figuras maciças e poderosas numa obra que une os ensinamentos trazidos da Europa com a tradição da arte pré-colombiana da América.
Museu de Arte Moderna, Cidade do México.
(Óleo sobre tela; 225 x 179 cm; 1929).

(É FANTÁSTICA!!!)

Parafilia

→Chama-se parafilia a atividade sexual na qual a resposta (desejo, excitação e orgasmo) ocorre normalmente, contudo o indivíduo necessita, para obtenção da excitação, de um objeto ou práticas não-usuais.

• fisiologicamente é um indivíduo normal; apenas o elemento erógeno de sua excitação não é o usual. Existem diversas modalidades e variações. São consideradas práticas sexuais aceitas quando não provocam danos a outra pessoa ou aos costumes sociais.

• nota-se que a prática da parafilia ocorre mais no sexo masculino. Descrevemos aqui algumas mais conhecidas: envolve o ato (real, não simulado) de ser humilhado, espancado, atado ou de outra forma submetido a sofrimento.

SEXO: AINDA TEM MAIS?!?! (???)

- alguns indivíduos se sentem perturbados por suas fantasias masoquistas, que podem ser invocadas durante o intercurso sexual ou a masturbação, mas não atuadas de outro modo.
- nesses casos, as fantasias masoquistas em geral envolvem ser estuprado atado por outros, sem possibilidade de fuga. Outros agem de acordo com seus desejos sexuais masoquistas por conta própria (p. ex., atando a si mesmos, picando-se com alfinetes ou agulhas, auto-administrando choques elétricos ou automutilando-se) ou com um parceiro.
- os atos masoquistas que podem ser buscados com um parceiro incluem contenções (sujeição), colocação de vendas (sujeição sensorial), palmadas, espancamento, açoitamento, choques elétricos, ser cortado, "perfurado e atravessado" (infibulação) e humilhado (p. ex., receber sobre si a urina ou as fezes do parceiro, ser forçado a rastejar e latir como um cão, ou ser submetido a abuso verbal).
- em linhas gerais, podemos dizer que as parafilias ou transtornos de preferência se-

xual são distúrbios diretamente relacionados à "escolha" do objeto sexual. O termo escolha está entre aspas porque até hoje, apesar de toda contribuição da psicanálise e da biologia, não podemos dizer que a definição de um objeto sexual é totalmente inconsciente, determinada socialmente, ou tem sua origem biológica. O que podemos e devemos afirmar é que esta "escolha" é involuntária.

• os médicos há muito têm descrito pacientes cujos sintomas primários compreendem fantasias sexualmente excitantes recorrentes e intensas, impulsos ou comportamentos sexuais (sintomas hipersexuais). Krafft-Ebbing, por exemplo, descreveu uma afecção de sexualidade patológica na qual "o apetite sexual aumenta anormalmente a tal ponto que permeia todos (...) os pensamentos e sentimentos, não permitindo outros alvos na vida, tumultuadamente e, como um estado de 'cio', exigindo gratificação sem conceder a possibilidade de contra-apresentações mortais e honradas, resolvendo-se numa sucessão impulsiva e insaciável de prazeres sexuais".

Krafft-Ebbing

→ Richard Von Krafft-Ebbing, nasceu em Mannhein, em 1840, e, faleceu em Graz (Áustria).

• fundou a patologia sexual, ao publicar, em 1886, a primeira edição de sua:

PSYCHOPTHIA SEXUALIS

• que na época obteve um êxito considerável para um livro médico. Tinha, no início, só 110 páginas que foram aumentando com as sucessivas edições.
• a obra vem com numerosos quadros clínicos de paciente do próprio autor. Foi ele que criou as expressões:

SADISMO → Para designar as alterações que a obra do Marquês de Sade refletia.

MASOQUISMO → Para denominar o que Leopold Sacher-Masoch descrevia.

- foi expert em Psiquiatria Forense e era normalmente chamado como examinador dos quadros de Psicopatias Sexuais mais graves e chamativas.
- sua teoria básica era de que estas alterações são de ordem constitucional, ou seja, vêm junto com o indivíduo.
- ao afirmar isso deixava pouco espaço para qualquer tipo de tratamento para essas pessoas.

Havelock Ellis

• a primeira crítica violenta de que se tem notícia às leis vigentes sobre o aborto apareceu em 1910 no sexto volume dos "Estudos sobre a Psicologia do Sexo" de Havelock Ellis, um dos pioneiros da sexologia.

Havelock afirma nesta obra que "não se pode mais permitir a discussão da validade do controle (de natalidade), porque ele é um fato consumado e tornou-se parte de nossa moderna moralidade". O aborto ainda não é aceito desta mesma forma, mas certamente é aceito "sem dores de consciência" pela maioria das mulheres que se acham involuntariamente grávidas.

• depois de apresentar evidências de que o aborto ilegal estava amplamente disseminado na América, na Inglaterra, na França e na Alemanha, ele diz que "sua condenação somente é encontrada no Cristianismo, e é devido a conceitos teóricos".

• a obra ainda ridicularizava um escritor francês que se referia ao direito da criança não-nascida como "um direito sagrado e imprescritível, direito que nenhum poder poderá revogar". Os não-nascidos, argumenta Havelock, ainda não são parte da sociedade humana e, por conseqüência, não só temos o direito de matá-los, como ainda a posição contrária é "um vestígio de antigos dogmas teológicos". O que haja de "direito irrevogável" no embrião, continua Havelock, é o mesmo que há de direito irrevogável no espermatozóide.

• isso dá muito, muito pano para manga até hoje !!!

> →Parafilia é o termo atualmente empregado para os transtornos da sexualidade, anteriormente referidos como "perversões", uma denominação ainda usada no meio jurídico. Estudar as Parafilias é conhecer as variantes do erotismo em suas diversas formas de estimulação e expressão comportamental. É difícil conceituar a sexualidade normal, a ponto de o médico inglês Havelock Ellis ter dito que "todas as pessoas não são como você, seus vizinhos e amigos podem não ser tão semelhantes a você como você supõe".

• a parafilia, pela própria etimologia da palavra, diz respeito a "para" de paralelo, ao lado de, "filia" de amor a, apego a. Portanto, para estabelecer-se uma parafilia, está implícito o reconhecimento daquilo que é convencional (estatisticamente normal) para, em seguida, detectar-se o que estaria "ao lado" desse convencional. Veja que o termo atrelado às condições sexuais supracitadas é "convencional", evitando-se a palavra "termo", em razão de as pessoas confundirem (erroneamente) o "não-normal" com o "patológico".

• algumas parafilias incluem possibilidades de prazer com objetos, com o sofrimento e/ou humilhação de si próprio ou do(a) parceiro(a), com o assédio a pessoas pré-púberes ou inadequadas à proposta sexual. Estas fantasias ou estímulos específicos, entre outros, seriam pré-requisitos indispensáveis para a excitação e o orgasmo.

• em graus menores, às vezes, a imaginação fantasiosa do parafílico encontra solidariedade com o(a) parceiro(a) na iniciativa, por exemplo, de travestir-se de sexo oposto ou de algum outro personagem para conseguir o prazer necessário ao orgasmo.

• quanto ao grau, a parafilia pode ser leve, quando se expressa ocasionalmente; moderada, quando a conduta é mais freqüentemente manifestada; e severa, quando aos níveis da compulsão.

• a Psiquiatria Forense se interessa, predominantemente, pela forma grave, que para se caracterizar exige os seguintes requisitos:

1- *Caráter opressor, com perda de liberdade de opções e alternativas. O parafílico não consegue deixar de atuar dessa maneira.*

2- Caráter rígido, significando que a excitação sexual só se consegue em determinadas situações e circunstâncias estabelecidas pelo padrão da conduta parafílica.

3 - Caráter impulsivo, que se reflete na necessidade imperiosa de repetição da experiência.

• essa compulsão da parafilia severa pode vir a ocasionar atos delinqüentes, com severas repercussões jurídicas. É o caso, por exemplo, da pessoa exibicionista, que mostrará os genitais a pessoas publicamente; do necrófilo que violará cadáveres, do pedófilo, que espiará, tocará ou abusará de crianças; do sádico, que produzirá dores e ferimentos deliberadamente, e assim por diante.

Os delitos sexuais mais comuns são:

> **Violação;**
> **Abuso sexual desonesto;**
> **Estupro;**
> **Abuso sexual de menores;**
> **Exibicionismo;**
> **Prostituição;**
> **Sadismo, etc.**
> Mais ou menos nessa ordem

• há referências científicas sobre o fato de muitos indivíduos parafílicos apresentarem um certo mal-estar antecipatório ao episódio de descontrole da conduta, mal-estar este que alguns autores comparam com os pródromos das epilepsias temporais. Não raras vezes essas pessoas aborrecem-se com seu transtorno e, por causa da compulsão, acham-se vítimas de sua própria doença.

→PSICOPATIA SEXUAL E PARAFILIA. Como já dissemos, a parafilia não implica em delito obrigatoriamente. Muitas vezes trata-se, no caso de delito sexual, de uma psicopatia sexual e não de parafilia. Os comportamentos parafílicos são modos de vida sexual simplesmente desviados do convencional, sem alcançar, na expressiva maioria das vezes, o grau de verdadeira psicopatia sexual. Assim sendo, os comportamentos sexopáticos não se limitam a condutas parafílicas e, comumente, podemos encontrar uma sexualidade ortodoxa vivida de forma bastante psicopática. Esta atitude psicopática deve ser suspeitada quando, por exemplo, há transgressão, através de uma conduta anti-social, voluntária, consciente e erotizada, realizada como busca exclusiva de prazer sexual.

• também deve ser suspeitada de psicopatia sexual quando há maldade na atitude perpetrada, isto é, quando o contraventor é indiferente à idéia do mal que comete, não tem crítica de seu desvio e nem do fato deste desvio produzir dano a outros. Ainda de acordo com o perfil sociopático (ou psicopático), seu delito sexual costuma ser por ele justificado, distanciando-se da autocrítica. Normalmente dizem que foram provocados, assediados, conduzidos etc.

• normalmente ele reduz a vítima ao nível de objeto, destruindo-a moralmente através de escândalos, mentiras e degradação. Quando se submetem voluntariamente a alguma terapia é, claramente, no sentido de despertar complacência, condescendência e aprovação. Depois de conquistada nova confiança, invariavelmente reincidem no crime.

• finalizando, o psiquiatra forense deve tomar o cuidado para não se deixar levar pela característica parafílica de uma agressão sexual e deixar passar uns transtornos de base muito mais sérios.

SEXO: AINDA TEM MAIS?!?! (???)

➔ **A CRIMINALIDADE SEXUAL** e a análise médico-legal dos delitos sexuais, como em todos os outros tipos de delitos, procura relacionar o tipo de ação com a personalidade do delinqüente e, como sempre, avaliar se, por ocasião do delito, o delinqüente tinha plena capacidade de compreensão do ato, bem como de autodeterminação.

• para facilitar a análise, excetuando-se a Deficiência Mental, a Demência Grave, os Surtos Psicóticos Agudos e os Estados Crepusculares, pode-se dizer que em todos os demais casos de transtorno psicosexuais a compreensão do ato está preservada. Deve-se ressaltar ainda, a preservação ou a noção de ilegalidade, imoralidade ou maldade do ato, mesmo nos casos de intoxicação por drogas e álcool, partindo da afirmação, mais do que aceita na psicopatologia, de que essas substâncias nada mais fazem do que aflorar traços de personalidade preexistentes. Excetua-se, nesse último caso, como dissemos, a embriaguez patológica (solidamente constatada por antecedentes pessoais).

• as obsessões são definidas como idéias, pensamentos, imagens ou desejos persistentes e recorrentes, involuntários, que invadem a consciência. A pessoa não consegue ignorar ou suprimir tais pensamentos com êxito, sendo sempre acometido por severa angústia.

• as compulsões, por sua vez, são atitudes que se obrigam como resultado da angústia produzida pela idéia obsessiva e não costumam ser dominadas facilmente pela vontade do indivíduo. Normalmente as compulsões são acompanhadas tanto de uma sensação de impulso irracional para efetuar alguma ação como por uma luta ou desejo de resistir a ele. Quando esses impulsos resultam na ação compulsiva, eles provocam grande ansiedade, obrigando o portador desse transtorno a evitar novas situações capazes de provocar a tal obsessão e, conseqüentemente, o tal impulso.

> • tanto as obsessões como as compulsões são sempre egodistônica, ou seja, são ansiosamente reprovadas pela pessoa que delas padece. Somente em certas formas excepcionais, notadamente quando esse transtorno se sobrepõe a outros transtornos de personalidade, se observa que as obsessões podem despertar a concordância do paciente. É o caso, por exemplo, de alguns pacientes com cleptomania e não angustiados por isso, ou ainda, da piromania ou jogo patológico.

• para que se caracterize uma idéia patologicamente obsessiva, ela deve se manifestar como uma atitude repentina, impossível de controlar e executada sem nenhuma prevenção ou cálculo premeditado. Sendo esse impulso muito forte e, às vezes, aleatório, ele pode se manifestar repentinamente, mesmo na presença de terceiros ou até publicamente. Essa espontaneidade, falta de planejamento, manifestação diante de terceiros e fortuidade podem ajudar a diferenciar uma atitude neurótica de uma psicopática.

• as situações onde se atesta a inimputa-
bilidade do delinqüente sexual são excep-
cionalmente raras. O habitual não é que
essas atitudes delinqüentes sejam frutos de
verdadeiros transtornos obsessivos-com-
pulsivos com comportamentos automáti-
cos, mas sim que se tratem de impulsos
psicopáticos conscientes e premeditados.

• diferentemente da obsessão ou compulsão, os impulsos ou pulsões se observam
com freqüência nas condutas psicopáticas
e nos Transtornos Anti-sociais da personalidade (ou dissociais). Essas pessoas não são
alienadas nem psicóticas por carência absoluta de sinais e sintomas necessários à
classificação, e obtêm gratificação e prazer
na transgressão, no sofrimento dos demais
e na agressão. Depois do ato delituoso, se
este foi motivado por uma atitude
psicopática, não aparece o arrependimento
ou culpa, tão habitualmente das atitudes
obsessivo-compulsivas. A delinqüência

sociopática (ou Psicopática) é, por isso, considerada egosincrônica, ou seja, não desperta nele alguma crítica desfavorável.

• a delinqüência sexual dos sociopatas ou psicopatas correspondem à uma atuação teatral premeditada a um objetivo prazeroso. Não se trata, absolutamente, de uma atitude compulsiva, incontrolável, irrefreável ou um reflexo automático em resposta à uma idéia obsessivamente patológica.

• vou dividir o estudo das parafilias de acordo com textos psiquiátricos, para que, com linguagem simples, tragam a:

PARAFILIA X CONDUTA
DE GALANTEIO

VOYEURISMO

PICTOFILIA

EXIBICIONISMO

ESCATOLOGIA TELEFÔNICA

ESCATOLOGIA PELA INTERNET

TOCAMENTO

FROTAMENTO

ORALISMO

NARRATOFILIA

Voyeurismo ou escoprofilia

Deriva do francês "voyeur" que significa "espiador". O prazer sexual é obtido mediante a contemplação anônima e não consentida de observar alguém despindo-se ou copulando. O indivíduo atinge o orgasmo masturbando-se com a percepção.

Pictofilia ou parafilia pornográfica

A excitação sexual e o orgasmo **DEPENDEM** da observação de desenhos, fotografias ou filmes pornográficos para masturbar-se, ou como um complemento da relação sexual.

Exibicionismo

A excitação sexual é obtida mostrando os genitais flácidos ou eretos, para mulheres ou crianças estranhas, com o propósito de criar susto, surpresa, medo, sem pretender aproximação erótica.

Escatologia Telefônica

O indivíduo erotiza-se ao manter conversas obscenas, sedutoras ou ameaçadoras com pessoas conhecidas ou desconhecidas ao telefone, uma fonte de renda enorme para empresas de teles-sexo.

Escatologia pela Internet

É a mesma "técnica", usando tecnologia mais moderna.

Tocamento

A excitação é obtida ao tocar <u>sem consentimento</u> mamas, nádegas ou genitais de pessoas desconhecidas em locais que permitam aglomerações, como ônibus, e lugares escuros, como cinemas, casas noturnas etc.

Frotamento

O prazer e o orgasmo são obtidos apoiando e friccionando o pênis em pessoas estranhas, de forma inadvertida, em locais públicos.

Oralismo

O prazer sexual é obtido **só através do sexo oral**. O sexo oral, em uma relação sexual, faz parte da normalidade.

Narratofilia

Para excitar-se e alcançar o orgasmo, o indivíduo deve falar, escutar relatos de cunho obsceno, normalmente repetitivos sobre um tema alheio ao companheiro da relação, como pedir para sua mulher contar que foi possuída, por outro homem.

PARAFILIAS X FETICHISMO

Fetichismo

Olfatofilia ou Reniflerismo

Picalismo

Clismafilia

Travestismo Fetichista

Fetichismo

O fetiche é um objeto inanimado de grande significado erótico que pode chegar a substituir a pessoa do amante. Lembro sempre de uma situação que presenciei, em 1975, e durante todo o tempo em que fui profesora de psiquiatria era meu exemplo predileto.

• *vamos ao "causo". Em 1975 participei no "Instituto Superior de Investigações*

Científicas", em Madrid, de um programa de integração com toda comunidade ibero-americana que realizava estudos de pós-graduação na Espanha.

• foram vários encontros e os grupos naturalmente se formando, e os bonitões e bonitonas começaram a sobressairem-se ... e havia um ... impresionante ... quando ele passava, eram só cabeças de mulher torcendo-se para olhá-lo ... alto, cabelo negríssimo, olhos azuis da Prússia, um deus grego ...e nós tínhamos um amigo espanhol do Conselho, baixinho, gordinho, picaresco e ria de nós e nossa admiração.

• em um dos encontros, disse-nos que estava cansado de ver-nos como patetas e ia nos levar a ver algo naquela noite ...

• convidou-nos para jantar, eu e mais duas fãs de carteirinha do bonitão. Ficamos até tarde no restaurante, um costume "Muy Madrileño" na época, e depois da meia-noite, fomos de carro passear pela "Calle de Habana" que, na época, sabia-se ser o reduto da prostituição cara de Madrid, já que não se viam prostitutas na rua e não existiam as casas.

SEXO: AINDA TEM MAIS?!?! (???)

• começamos a andar de carro bem devagar para cima e para baixo, e, de repente ... o deus grego ... andando e discretamente mexendo em latas de lixo ... de repente ...

• nunca hei de esquecer, a expressão do deus ... parecia um sátiro ... com um absorvente higiênico sujo de menstruação, olhando-o com olhos lúbricos ...

... nosso amigo baixinho conhecia o deus e o que este usava como objeto sexual:

ABSORVENTES

SUJOS

RETIRADOS DO LIXO

DA ZONA DE PROSTITUIÇÃO!

• vai ser criativo assim no inferno !!!

Olfatofilia ou Reniflerismo

Este último vocábulo vem do frances *renifler* = ir cheirando aos poucos, os castelhanos chamam "husmear". O indivíduo erotiza-se com os odores do corpo do amante:

- SUOR DAS AXILAS;

- LEITE MATERNO;

- SECREÇÕES GENITAIS;

- URINA;

- FEZES.

• esta parafilia superpõe-se com a urofilia e a coprofilia, que é o prazer por ser urinado ou defecado pelo parceiro.

Picalismo

Consiste em introduzir algo comestível na vagina ou no ânus do parceiro e logo comê-lo com grande prazer sexual.

Clismafilia

Esta é fora de série, quando ouvi um relato pela primeira vez, não acreditei: Deriva do grego *klusma* = enema. A excitação e o orgasmo <u>dependem</u> de um enema feito pelo parceiro sexual.

Travestismo Fetichista

Aficção erótica a roupa feminina. Ocorre em homens heterossexuais que se erotizam vestidos de maneira parcial ou completa como mulher.

Sade, o Marquês do Erotismo

• a literatura tem o dom de tornar clara as questões mais complexas. Assim é com Sade. Aprendemos com o Marquês que, nos subterrâneos do sexo, o prazer paga o pedágio da dor. Sade só escreveu nos períodos em que amargou penas de prisão. Quando estava livre, ocupava-se exercendo o sadismo.

• mas Sade nem sempre foi sádico. Chegou a escrever um livro de novelas chamado *Estórias do Amor Negro*, que apesar do título seguia o modelo de sucesso na época, na linha do *Decameron*. São contos eróticos, mas sem a marca sanguinária de Sade. Logo seus distúrbios de comportamento o levariam a tornar-se um inimigo da virtude e, então, escreveu *120 DIAS DE SODOMA*.

• esse livro permaneceu desaparecido por quase 300 anos. Sade morreu pensando que seu livro perdera-se na Bastilha, onde permaneceu preso por 2 anos. Foi um carcereiro, limpando a cela, que encontrou os minúsculos rolinhos de papel, onde estavam as mais de 300 páginas do livro.

Sade gabava-se de haver chegado ao limite com esse livro. Realmente, 3 séculos passados não se conhece outro texto de tanta contundência em sua descrição sobre os excessos da sexualidade. Sodomia (sexo anal), pedofilia e macrofilia (sexo com crianças e velhos), e coprofilia (sexo com fezes) são algumas das variações que Sade retrata.

• a pergunta óbvia é: e para quê? Bem, depois de Sade os hipócritas não podem ignorar essa faceta do homem e, conseqüentemente, não podem fingir que são sádicos inocentes.

SADISMO

VAMPIRISMO

UNGULAÇÃO

INSERÇÃO BRAQUIRRETAL
OU BRAQUIVAGINAL

AUTOASESSINOFILIA

HIPOXIFILIA

MORTE AUTOERÓTICA

SIMFOROFILIA

VIOLAÇÃO

HIBRISTOFILIA OU
SÍNDROME DE BONNIE E CLYDE

SÍNDROME DE ESTOCOLMO

SADISMO

Sua busca: "SADISMO" [BUSCAR]

Buscar:

- ● No Diretório
- ○ Em Toda a Web

Primeiros Resultados da Web de 55.000

Dia: 20/04/04

1. **Associação BDSM Brasil**
   Espaço criado com o propósito de interligar todos os grupos e pessoas que curtem BDSM no país
   ↳ Categoria Sexualidade > BDSM
   www.associacaobdsm.com.br/

2. **BDSM: Um Estilo de Vida**
   Apresenta a prática no contexto da sexualidade humana, levada com respeito mútuo e consensualidade.
   ↳ Categoria Sexualidade > BDSM
   www.geocities.com/subvron/

3. **Desejo Secreto**
   Destinado ao debate, estudo e divulgação do sadomasoquismo (BDSM), técnicas, relatos e mais sobre dominação, submissão, bondagem, masoquismo e fetiches.
   ↳ Categoria Sexualidade > BDSM
   www.desejosecreto.com.br/

> ## ASSOCIAÇÃO BDSM BRASIL
>
> ## 24/7 - International Day
>
> ## QUEM SOMOS?

Somos a união de praticantes e simpatizantes do BDSM (sigla que integra as principais manifestações do sadomasoquismo, quais sejam: Bondage e Disciplina – Dominação e Submissão – Sadismo e Masoquismo) que se comunicam em língua portuguesa, pertencentes a várias listas e com direcionamentos diversos, que resolveram criar um espaço corporativo visando a existência de uma ponte entre todos os enfoques existentes.

Sua busca: " SADISMO" (BUSCAR)

Buscar
- ● Em Toda a Web
- ○ Somente Páginas em Português

Primeiros Resultados da Web de 15.300

Dia: 20/04/04

1. Dicionário de Neurociência – S

... O foco parafílico do **Sadismo** Sexual envolve atos (reais, não-simulados) nos quais o indivíduo deriva ... nos primeiros anos da vida adulta. O **Sadismo** Sexual geralmente é crônico ...

www.psiqweb.med.br/glodd/dics.htm etc...

SADISMO

A EXCITAÇÃO ERÓTICA E O CLÍMAX DEPENDEM DE PERSONIFICAR-SE COMO FIGURA DOMINANTE QUE ABUSA, TORTURA, CASTIGA, HUMILHA E REDUZ SEU PARCEIRO À OBEDIÊNCIA E SERVIDÃO. O TERMO É DESCRITO PELO MARQUÊS DE SADE EM SUAS NOVELAS.

➔O termo vampirismo é conhecido pela maioria das pessoas. Encontrei na Internet, este artigo, do qual transcrevo parte, por achar sensacional maneira como o autor desliza sobre o assunto.

VAMPIRISMO

**Vampirismo
De Byron a Tarantino.**
Por vários autores.

SANGUE, SEXO E PALAVRAS
Por Luiz Costa

• sua fama é a do amante dominador, perigoso e sensual: olhos que rasgam vestidos, dentes que deslizam pelo pescoço.

Lamia, Drácula, Nosferatu, Lestat: ressuscitado pelas gerações, o vampiro apavora, adere aos novos tempos e fascina. Para muitos, é demônio

SEXO: AINDA TEM MAIS?!?! (???)

parasita. Para outros, o que conquistou imortalidade após a morte. É o ícone das chagas sem cura, da peste bubônica à Aids, e metáfora dos que drenam energia vital de seus parceiros. Quando todos o tem como morto, o vampirismo renasce das cinzas e testa seu poder sobre o imaginário popular.

• uma nova onda de sanguessugas paira no ar. A Rocco acaba de lançar *Lasher*, de Anne Rice, e providencia a versão brasileira de *Memnoch, The Devil*. Quentin Tarantino revisita o vampirismo em uma de cinco recentes produções Hollywoodianas com o tema. *Oráculo*, romance de Bram Stoker que em 97 comemora centenário, encabeçou a lista das melhores obras de entretenimento do século, divulgada em fevereiro pela Biblioteca de Nova York, e o ator Chistopher Lee acaba de lançar uma video-biografia. E Tod Browning, diretor de Oráculo (1931), com Bela Lugosi, é o grande homenageado do festival de cinema de San Sebastian, Espanha, entre 19 e 28 de setembro.

• no final de 95, duas das pesquisas mais importantes já realizadas sobre o vampirismo foram editadas no Brasil. A Makron trouxe o *Livro dos Vampiros – a Enciclopédia dos Mortos-Vivos*, de Gordon Melton, um calhamaço de mil páginas em verbetes. E a Mercúrio lançou o clássico de Raymond McNally e Radu Florescu, *Em Busca do Oráculo e Outros Vampiros*, de 72, com descobertas históricas que influenciaram a ficção contemporânea, de Rice ao Francis Ford Coppola, de *Oráculo*, de Bram Stoker (1992). Em busca revê fontes de Stoker e a vida de Vlad Tepes, o Empalador (1430/77), príncipe romeno da Wallachia, que perpassava inimigos com estacas e bebia seu sangue.

• lendas datam da Antiguidade grega e casos reais como o de Elizabeth Bathory

> (1560/1614), que mergulhava em sangue para manter a juventude, reforçam o mito. Mas foi o reino da ficção que se apropriou do vampiro étnico das lendas e o aproximou do imaginário urbano.

UNGULAÇÃO

É uma forma de sadomasoquismo menor onde o prazer depende de arranhar ou ser arranhado pelo parceiro até a provocação de pequenas feridas.

INSERÇÃO BRAQUIRRETAL OU BRAQUIVAGINAL

É uma prática sadomasoquista maior em que se introduz a mão e o antebraço no reto ou na vagina do parceiro.

AUTOASESSINOFILIA

São indivíduos masoquistas que se excitam até o clímax com a fantasia do seu próprio assassinato. Costumam pagar parceiros que os maltratem e existem vários casos da arquivologia policial onde ocorreu o assassinato.

HIPOXIFILIA

A excitação sexual e o orgasmo dependem de algum grau de asfixia. A privação de oxigênio é provocada por enforcamento por um saco plástico, uma máscara ou a submersão em uma banheira.

MORTE AUTO-ERÓTICA

São parafílicos que se enforcam ou se aplicam descargas elétricas como parte de um ritual masturbatório e masoquista podendo provocar-se a morte de modo acidental.

SIMFOROFILIA

Deriva do grego: *symphora* = desastre. É a excitação erótica que alcançam indivíduos ao observar catástrofes civis ou situações de guerra. O termo também aplica-se a indivíduos que se erotizam ante a possibilidade de serem eles mesmos vítimas das catástrofes.

VIOLAÇÃO

O prazer erótico é obtido quando o indivíduo submete pela força uma vítima aterrorizada, conhecida ou desconhecida que se opõe ao abuso sexual.

HIBRISTOFILIA OU SÍNDROME DE BONNIE E CLYDE

Deriva do grego: *hybridzein* = machucar ou causar dano a alguém. O indivíduo enamora-se de delinqüentes e incita seu parceiro a transgredir a lei. A comissão, lucro dos crimes, torna-se sexualmente estimulante para estes parafílicos, incitando-os a golpes cada vez mais arriscados.

SÍNDROME DE ESTOCOLMO

O termo é proveniente de um assalto a um banco, onde uma mulher foi tomada como refém e ... apaixonou-se pelo seqüestrador.

> • é conhecido um fato desta parafilia que agitou os anos 70. Lembro-me como se fosse hoje dos comentários em jornais e meios de comunicação do mundo inteiro.

• a 4 de fevereiro de 1974, Patricia Hearst encontrava-se em seu luxuoso apartamento de Berkeley, na Califórnia, em companhia de seu noivo, Steve Weed, quando foi seqüestrada. Seus gritos atraíram os vizinhos, que logo foram imobilizados por dois homens, enquanto um terceiro, um negro, tratava de levar a filha do magnata da imprensa norte-americana para um conversível branco, que partiu em disparada.

• os seqüestradores de Patricia Hearst eram integrantes do Exército Simbionês de Libertação (ESL), uma organização extremista que "luta para salvar o povo que sofre". Os seqüestradores exigiram 400 milhões de dólares de resgate, além de imporem à familia Hearst a condição de que deveria distribuir alimentos aos pobres e aos desempregados de toda a Califórnia, para ter sua filha de volta.

• o magnata William Randolph Hearst Junior depositou, em banco, 250 mil dólares como prêmio para quem revelasse o paradeiro de sua filha. A soma de dinheiro para a recompensa subiu, no final do ano, para 2,5 milhões de dólares, quase o montante exigido no resgate.

• nessa época, porém, o prêmio não era mais para quem desse informações sobre Pat Hearst, mas de uma jovem de 21 anos, procurada por 18 delitos: Pat havia convertido-se ao terrorismo integrado ao Exército Simbionês de Libertação. Um mês após o seqüestro, a jovem enviara uma fita gravada ao pai, afirmando que ele não havia feito o possível para libertá-la, apesar do programa elaborado pelos Hearst para a distribuição de alimentos. E dois meses depois, em outra fita, Pat afirma que decidia 'ficar com o ELS e continuar a lutar".

• a família, incrédula, não podia admitir que a jovem, dedicada estudante de História de Arte, havia renunciado à companhia do noivo e à fabulosa herança dos Hearst.

• alguns dias depois, o Departamento Federal de Investigações (FBI) procurava por Pat já acusada pelo roubo de 10 mil dólares num banco em San Francisco, junto com outros quatro terroristas, deixando um saldo de dois feridos.

• as provas, entretanto, confirmaram a participação espontânea da jovem, reiterada posteriormente, por ela mesma, que qualificou seu pai e seu noivo de "palhaços". Seu nome, agora, era Tânia.

• nessa ocasião, já pesavam sobre a jovem diversas acusações: assalto, roubo de automóveis, posse de armas de guerra e o seqüestro de um estudante de 18 anos, delitos passíveis de prisão perpétua. Pat Hearst passou a ser a pessoa mais procurada dos Estados Unidos, exigindo a mobilização de milhares de agentes policiais e do FBI, na maioria das vezes, em pistas falsas.

• a jovem, sempre em fitas gravadas e enviadas para emissoras de rádio e para a família Hearst, dizia que havia "renascido" no dia 4 de fevereiro e que não tinha "medo de morrer".

• depois de uma dramática busca, que durou quase dois anos, em 18 de setembro de 1975, o Departamento de Investigações (FBI), anunciou a captura de Patricia Hearst, seqüestrada em fevereiro de 74 pelo Exército Simbionês de Libertação (ESL), organização extremista da qual se tornou militante.

• a jovem filha do magnata da imprensa William e Emily Harris havia sido presa por agentes do FBI, no bairro de Misión, em San Francisco.

• em Washington, um porta-voz do FBI declarou que Pat estava sendo interrogada por agentes federais, antes de ser acusada formalmente. Uma das denúncias que pesam sobre ela é a de participar de um assalto a mão armada a um banco de San Francisco, apenas dois meses depois de seu seqüestro. A seqüência do roubo foi fotografada por uma câmara do dispositivo de segurança da agência bancária, o que tornou possível à polícia identificar a jovem herdeira dos Hearst

... Que Tal...

PARAFILIA X ELEIÇÃO DO PARCEIRO SEXUAL

PEDOFILIA

GERONTOFILIA

MORFOFILIA

INCESTO

BESTIALISMO OU ZOOFILIA

NECROFILIA

PEDOFILIA

Vítima fica frente a frente com pedófilo na Bélgica.
Terça, 20 de abril de 2004, 11H34

• em Arlon, na Bélgica, aconteceu o julgamento de um homem acusado de pedofilia, estupro e assassinato de, pelo menos, seis meninas. Os crimes de Marc Dutroux aconteceram em 1996 e chocaram o mundo.

• Sabinne Dardenne (foto acima), hoje com 20 anos, foi raptada por Marc e um outro homem quando saía do colégio, na cidade belga de Kain. Na época com apenas 12 anos, a menina foi mantida presa num porão durante quase três meses. Neste período, ela recebia visitas apenas de Marc que a violentava com freqüência. A jovem acabou sendo libertada pela polícia.

• durante o julgamento, Sabinne encarou o seu algoz e quis saber por que ele não a matou. Olhando para ela por trás de uma cabine à prova de balas, Marc disse que nunca teve a intenção de matá-la. Dardenne e outras duas moças foram as sobreviventes de uma série de crimes sexuais contra crianças que traumatizou a Bélgica e chocou o mundo.

• a ex-mulher de Marc, Michelle Martin, também está sendo julgada. Ela, o marido e dois outros suspeitos são acusados de seqüestro e estupro de seis jovens. Os corpos de quatro meninas e de um cúmplice de Marc foram encontrados pela polícia, enterrados na residência do casal.

http: *//tv.terra.com.br/jornaldoterra/interna/0,,OI40016-EI1039,00.html*

dia: 21/04/2004

GERONTOFILIA

Estes parafílicos apaixonam-se por parceiros com idade para serem seus pais, ou avós. Ocorre entre homo e heterossexuais.

MORFOFILIA

A excitação sexual é <u>dependente</u> de alguma característica do corpo do parceiro que o torna muito diferente dos cânones de beleza usuais. Estes parafílicos enamoram-se de pessoas disformes, amputadas, tatuadas, transsexuais masculinos como "mulher" com pênis.

• nesta parafilia, que às vezes hesito em incluí-las, é o nicho do mundo onde

GOSTOS

CORES E AMORES

NÃO SE DISCUTEM ...

INCESTO

É um tema extremamente complexo, trata-se da violação do tabu que proíbe relações sexuais entre pessoas da mesma família. Muitos autores não consideram uma parafilia.

• existem múltiplas correntes de pensamento psicanalítico, antropológico, e, o que vou colocar aqui de maneira simples – prática, é a posição de algumas dessas correntes.

• as explicações para o tabu do incesto são quase tão variadas quanto as formas que a proibição assume. Para a corrente sociobiológica, por exemplo, a antropologia não é muito mais do que um capítulo da zoologia.

→ Freud também se debruçou sobre a questão. "Grossíssimo modo", para o psicanalista de Viena, todos queremos praticar incesto e é por essa razão que ele é proibido. No clã primitivo, imagina Freud, o pai tinha acesso a todas as mulheres do grupo. Os filhos ficaram com inveja, se juntaram.

Mataram o pai e o comeram. A reação foi ambivalente, de modo que, para compensar o complexo de culpa, criaram o primeiro tabu, que é relativo a matar o animal tótem do clã, a representação do pai.

• a teoria é simpática, mas talvez demasiadamente freudiana. É claro que um antropólogo não pode tomá-la muito literalmente. É melhor ficar com as teses de Claude Lévi-Strauss, que não chegam, vale frisar, a excluir inteiramente "insights" freudianos ou certezas sociobiológicas.

• pode parecer simples, mas as idéias de Lévi-Strauss e dos antropólogos podem ficar bastante requintadas, com interfaces lingüísticas, sociológicas, legais etc.

> • o que parece indiscutível é a intimidade da ligação entre o tabu do incesto e a cultura. Não creio que seja exagero afirmar que o homem se torna homem quando começa a criar regras para o casamento. O conteúdo da regra nem é o mais importante. O fundamental no tabu é que ele cria um sistema de relações familiares coerente que permite, entre outras coisas, definir cada indivíduo.

BESTIALISMO OU ZOOFILIA

Consiste em excitação sexual e coito entre animais e pessoas.

• na zoofilia masculina ocorre o coito com a fêmea do animal.
• na forma feminina existe o coito ou masturbação com animal macho, ou sexo oral feito pelo animal macho.
• existem outras formas desta parafilia como a formicofilia em que o prazer é obtido pelo deslocamento ou picadas de formigas pelos genitais, ânus ou mamilos.

NECROFILIA

Aqui está uma parafilia onde o bicho homem aparece resplandecente.

• deriva da excitação sexual que pode provocar um cadáver. Os necrófilos erotizam-se em funerais e nos cemitérios.
• alguns, diríamos a "versão light", pagam a profissionais do sexo para que se maquiem e posicionem-se como cadáveres, e copulam em cenários simulando velórios.

Sexo: ainda tem mais?!?! (???)

• alguns necrófilos não praticam necessariamente atos sexuais com pessoas mortas, mas sentem atração sexual por elas.

• alguns homens chegam a procurar empregos em cemitérios para satisfazer suas fantasias necrófilas através da masturbação, enquanto outros desenterram o defunto para praticar o ato sexual com ele.

• basicamente, a etiologia desta parafilia está intimamente motivada por temores subjacentes de manter contatos íntimos com o sexo oposto.

• o necrófilo deseja manter relacionamento sexual com uma pessoa viva, mas sentindo-se incapaz de realizá-lo, só o faz comê-la inerte, seja através da imobilidade enquanto viva ou quando já morta. Muitos necrófilos matam as mulheres para poderem praticar o ato sexual e comê-las, literalmente.

PARAFILIA X ALTERAÇÃO DA IMAGEM

INFANTILISMO OU AUTONEPIOFILIA

ADOLESCENTISMO OU JUVELINISMO

ZOOMIMIA

APOTEMOFILIA

INFANTILISMO OU AUTONEPIOFILIA

A excitação sexual e o orgasmo acontecem quando o indivíduo personifica uma criança pequena e é tratado pelo parceiro como um bebê, ao qual é dado banho, colocam-se fraldas e dá-se mamadeira. Normalmente o cenário é um dormitório decorado como o quarto de um bebê.

• como se diria aqui pelo Rio Grande... Bota falta de mãe, tchê !!!

ADOLESCENTISMO OU JUVELINISMO

A erotização ocorre quando o indivíduo, seja qual for a sua idade, é tratado como um adolescente por seu parceiro, ou parceira.

ZOOMIMIA

A excitação sexual ocorre quando o indivíduo personifica um animal e seu parceiro o trata pelo nome do animal personificado.

• uma pesquisa feita por um instituto de sexologia afirma que os animais prediletos para a encenação são os cães e os porcos.

APOTEMOFILIA

A origem da palavra é grega:

Apo = de.
Termnein = castrar.
Philia = desejo.

• são indivíduos que se erotizam tendo um membro amputado.

• são pessoas que se provocam lesões e acidentes para obrigarem os médicos a lhes amputarem o membro lesado.

PARAFILIA X REALIZAÇÃO GRUPAL

TROILISMO

MIXOSCOPIA

AUTOAGONISTOFILIA

SEXOPATIA ACÚSTICA

TROILISMO

A palavra é de origem francesa: *Trois* = três. O parceiro representa o papel de um delator e sua parceira tem o coito como se fosse uma adúltera ou uma prostituta. O ritual termina quando "o enganado" copula com a parceira e é possuído pelo desconhecido.

MIXOSCOPIA

A origem do termo provém do grego:
Nixis = coito.
Eskopein = olhar.

• o clímax sexual é alcançado olhando a copulação de várias outras pessoas.

AUTO-AGONISTOFILIA

Deriva do grego:
Auto = o próprio.
Agonistes = ator.

• o erotismo e o clímax é alcançado quando o parafílico realiza um espetáculo e é observado copulando com várias pessoas em lugares privados ou palcos.

SEXOPATIA ACÚSTICA

É o indivíduo que se masturba e goza ouvindo os ruídos e as vozes de casais que copulam no quarto ao lado.

→ *LEMBRAM DO TÍTULO DO LIVRO, AINDA TEM MAIS, TEM MUITO, MUITO MAIS ... JÁ QUE A IMAGINAÇÃO É INFINITA.*

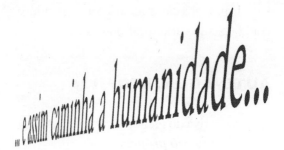
... e assim caminha a humanidade...

O Processo do Fascismo.

*O ditador, numa síntese animalesca, o déspota fala a multidão passiva, dentro de um cenário infernal.
Sindicato dos Eletricistas,
Cidade do México.
(Piroxilina sobre cimento; 100cm²; 1939)*

Sexo x Poder x Crime - os Bórgia

ALEXANDRE VI

Alexandre VI, é sem dúvida, o Papa mais famoso na História. A história dele e da família, os crimes, assassinatos, a política sangrenta e a suma licenciosidade são histórias místicas, quase lendas. Pode-se acusar Alexandre de todos os crimes que lhe foram atribuídos, mas temos de reconhecer que foi durante a sua regência que o Papado viu novamente aquela luz e esplendor perdidos por tantos anos de Papas sem vida, e com muito menos coisas para se contar. Neste ponto, podemos concordar com Maquiavel:

(...) Alexandre VI, de todos os Pontífices que já existiram, foi o que mais mostrou o quanto um papa podia, com dinheiro e tropas, adquirir maior poder; e fez, com auxílio do Duque Valentino, seu filho.

Assassino, sim; mas frio, nunca.

O CARDEAL QUE NUNCA SE DEITA SOZINHO

• Alexandre VI nasceu como Roderigo Borja, em primeiro de janeiro do ano de 1431, em Jativa, na Espanha. Sua mãe era Isabel Borja, dama da nobreza castelhana, irmã do futuro Papa Calisto III. Sobre o pai, sabe-se que ele se chamava Geofredo Doms y Borja – era primo de sua mulher. Geofredo morreu quando o pequeno Roderigo tinha 7 anos. Roderigo também tinha um irmão mais velho, Pedro Luis Borja.

• as informações sobre sua infância são completamente escassas. Uma lenda diz que, aos 12 anos, Roderigo matou a pauladas um menino de sua idade. Mas a família Bórgia está tão cercada de lendas, que esta é apenas mais uma delas...

• com Calisto III feito Papa, os Borja agora eram os Bórgia, para italianizar o nome e deixá-lo mais agradável aos habitantes de Roma. Já em 1456, Roderigo foi feito um cardeal; no ano seguinte, foi nomeado vice-chanceler da Santa Sé. Desde muito jovens, Roderigo e seu irmão, Pedro Luis, já desfrutavam de uma grande impopularidade. Pedro Luis porque era antipático; e Roderigo porque era licencioso demais. Sem contar o fato de estar sempre cercado por invejosos, pessoas que não concordavam com a ascensão do jovem cardeal (e estariam eles tão errados assim?), e com a nomeação do outro sobrinho do Papa como duque de Spoleto e prefeito de Roma. O papa, ainda pensando na elevação de seus sobrinhos, adotou-os para assegurar-lhes um futuro mais promissor. E, de fato, quando, em 1458, Calisto III morreu, mas isso não foi suficiente para deter a boa sorte do jovem cardeal Roderigo. Calisto havia morrido deixando realmente o sobrinho muito bem encaminhado. E logo a sombra da morte também levaria Pedro Luis Bórgia, mas dele ninguém sentiu falta.

> • a vida de Roderigo Bórgia como cardeal foi verdadeiro desfrute. O novo papa Pio II, ao ter a notícia da presença do cardeal em uma orgia, escreveu a ele dizendo que a atitude era "impró-

pria". Na carta, em outras palavras, disse para Roderigo fazer o que quisesse, mas longe de lugares públicos. Enfim, em 1467, o cardeal Bórgia tem seu primeiro filho bastardo reconhecido, Pedro Luis. Sobre a mãe deste rebento, nem o nome se sabe. Alguns apontam como sendo Vanozza Cattanei, mas isto é improvável. A próxima criança nasceu dois anos depois e se chamava Girolama, e a mãe foi Gianandrea Cesarini. Pouco depois, Roderigo também foi pai de Isabel. Porém, sem dúvida, o Bórgia teve muitos outros filhos. Nenhum destes seriam tão famosos como os próximos.

• sua relação de mais de dez anos com a romana Joana – ou Vanozza Cattanei – foi um recorde para o cardeal. Nem sua favorita mais conhecida, Giulia Farnese, conseguiu manter o amante ao seu lado por tanto tempo. Além disso, Vanozza manteve Roderigo ao seu lado quando ela já passava dos quarenta. Na realidade, Cattanei não era uma cortesã qualquer: mulher de intelecto, refinada e caridosa – entre as suas

Vanozza Cattanei

contas a serem pagas, contavam doações para conventos e orfanatos – soube manter-se nas boas graças de Roderigo Bórgia até depois de terminada a relação. Além disso, Rosa Vanozza tinha senso de independência feminina que encantava o cardeal.

• ela não era sustentada pelo amante, pois ela era dona de vinhedos e de hospedarias famosas em Roma. Vanozza era uma mulher muito bonita, loura, e um corpo de curvas impecáveis. Do relacionamento com Cattanei, vieram os filhos mais queridos para ele: César (1475), Giovanni (1477), Lucrecia (1480) e Geofredo (1483). Apenas estes, e talvez Pedro Luis, se lhe tivesse sobrado tempo, puderam jactar-se de serem "filhos de papa".

• por volta de 1490, o Cardeal Bórgia escolhe outra favorita: Giulia Farnese, casada com Orsino Orsini. *Giulia tinha apenas 14 anos, mas já tinha uma reputação nada invejável.* Apesar de tão pouca idade, já apresentava um talento para atrair olhos masculinos para si. Tanto é que por alguns anos foi considerada a mulher mais bela de Roma (título que perderia mais tarde para a filha do cardeal, Lucrecia Bórgia), e recebeu o cognome de "Giulia la bella". Melhor amiga da filha favorita de Roderigo, Lucrecia, Giulia soube manter com a ajuda da filha do cardeal, seu amante por cerca de sete anos.

• em 25 de julho de 1492, morre o Papa Inocêncio VIII. O papado está vago, e o principal candidato ao cargo é o próprio Roderigo Bórgia.

• em 10 de agosto, em uma conferência na Capela Sistina, Roderigo oferece 15.000 ducados, feudos, e cargos cleriais para quem votasse nele.

• a decisão era tomada pelos membros do sacro Colégio. Concorrendo com Roderigo estavam: Cardeal Oliviero Caraffa, cardeal Giorgio Costa, e Giuliano

Della Rovere. Mas apenas o último poderia fazer o cardeal Bórgia perder. Della Rovere tinha o apoio do rei da França, Luis XII, que havia oferecido 200.000 pela eleição de seu favorito.

• porém, as promessas de Roderigo de feudos e cargos superou a diferença de 185.000 ducados e, já na manhã de 11 de agosto, Roderigo Bórgia fez-se aclamar Papa Alexandre VI. Sua eleição foi unânime.

ISSO É UMA ELEIÇÃO!!!

VIRAM COMO NADA SE CRIA,

TUDO SE COPIA.

"O PAPA SE EXCITA AO QUEBRAR ALGUM MANDA-MENTO – ESPECIALMENTE O SÉTIMO E O NONO

• uma das primeiras atitudes do novo Papa Alexandre VI ao assumir seu posto foi reconhecer seus filhos por intermédio de uma bula.

• vale lembrar que somente os provindos de Vanozza Cattanei tiveram o privilégio – César, Giovanni, Lucrecia e Geofredo. Todos tiveram vantagens.

• César, logo foi nomeado cardeal aos 18 anos de idade.

• Giovanni ganhou o título de Duque de Gandia e casou-se com uma prima dos Reis Católicos da Espanha.

• Lucrecia, agora uma menina bonita e loira, que aparentava mais do que seus tenros treze anos, casa-se, em 1493, com Giovanni Sforza, duque de Pesaro, depois de muitos noivados.

• Geofredo casou-se com Sanchia de Aragão, uma das filhas do rei de Nápolis.

• a ascensão de Roderigo Bórgia também deu privilégios a sua amante, Giulia: seu irmão, Alessandro Farnese (futuro Papa Paulo III), foi denominado cardeal.

• e sua filha com o Papa, Laura, apesar de ter levado o nome do marido da mãe, durante o 'reinado' de Giulia Farnese no papado, adquiriu o mesmo *status* dos outros filhos de Alexandre VI com Vanozza. Mas logo que o papa cansou de sua favorita, a pequena Laura também acabou desfrutando do fracasso da mãe.

> • na diversão carnal de Bórgia é ainda maior quando a mulher cobiçada por ele é casada, especialmente se a cerimônia de casamento é realizada por ele. Quebrar algum mandamento o excita, mas ele prefere o sétimo e o nono. Como padre, ele casou 'Rosa' com um homem. Ela provavelmente deitou-se com cada um em rodízio de tempo – mas desde que o Papa estabeleceu esta mulher para si, foi dado o direito a ela de , em uma noite ocasional, ser dispensada de seu ' serviço' e ir dormir com homem de sua preferência. Mas sua folga de mentira é na cama de Sua Santidade. Sua divisão com 'Rosa' foi agradável. Tanto foi, que logo depois ele deu a ela um pequeno presente – fez de seu irmão um cardeal".

Esse texto foi publicado em Roma, na época de Alexandre. O sétimo e o nono mandamentos, na realidade, são 'Não furtar' e 'Não cobiçar a mulher do próximo'. Rosa, na realidade, é Giulia Farnese.

• se Alexandre VI estabeleceu o ano de 1493 para satisfazer as ambições de seus filhos, em 1494 ele voltaria totalmente para fazer a 'política de boa vizinhança' com os dois grandes inimigos históricos. Espanha e Portugal.

• mediu o acordo do Tratado de Tordesilhas, após Portugal reclamar sua parte nas recém-descobertas terras do Novo Mundo. Alexandre atribuiu à Espanha todas as terras descobertas ou 'a descobrir' a cem léguas das Ilhas de Cabo Verde e Açores. Mas é claro, ele beneficiou a Espanha. Com esta parcela, todo o novo mundo estava sob domínio espanhol.

• uma das atitudes mais importantes de Roderigo Bórgia como Papa foi a de tirar dos cardeais o direito de fazer testamento, e deixar a herança para quem pretendessem. *O herdeiro sumário, agora, seria o próprio Papa.*

- *e como era de se esperar de alguém como este Papa, os cardeais passaram a morrer com uma freqüência espantosa durante todo o Pontificado de Alexandre VI.*
- mas não apenas de linhas maléficas era feito este Papa. Seu pontificado foi marcado pela tolerância com judeus, árabes e magos (a dita heresia). Em sua corte, em Roma, Alexandre VI protegia amplamente os refugiados das perseguições em seus países de origem. *Engana-se quem pensa que ele foi um Papa inquisidor.*
- ao estudar superficialmente o ato das Indulgências (supostas relíquias sagradas vendidas por altos preços, freqüentemente falsificações), o indivíduo já o liga diretamente com Reforma Protestante e Inquisição. Como um explorador que era, Alexandre VI incentivou a comercialização das indulgências; mas, por sua vez, não foi o inquisidor, pelo contrário.
- em 14 de julho de 1497, César e Giovanni vão cear na casa da mãe, Vanozza Cattanei. Giovanni parte antes da ceia terminar, alegando um encontro amoroso com uma de

suas amantes. Pela última vez foi visto com uma mulher misteriosamente mascarada. Ele reaparece apenas dias depois, morto no rio Tibre, degolado e com grandes feridas por todo o corpo.

• as investigações dos emissários de Alexandre VI começaram, e todas as provas apontavam apenas um assassino: César Bórgia. Além de criados seus o terem visto nas imediações do local no horário do acontecimento, ele era a pessoa que mais tinha motivos para assassinar Giovanni: a inveja por seu irmão ser duque de Gandia, já que sendo o mais velho teoricamente César teria este direito; a preferência que o pai sempre deu a Giovanni; o ciúme doentio que ele sentia por Lucrecia ser mais próxima a Giovanni – aos olhos dele, já que ela sempre declarou que César era o seu irmão favorito. Ao perceber que seu próprio filho era o responsável, o Papa ordenou que as investigações fossem terminadas antes que o escândalo fosse ainda maior.

Lucrecia Bórgia

SEXO: AINDA TEM MAIS?!?! (???)

• logo após a morte de Giovanni Bórgia, outra polêmica familiar ocorria: a gravidez de Lucrecia, apesar desta estar enclausurada em um convento. A paternidade da criança é amplamente discutida até os dias de hoje. Existem teses de que o próprio César engravidou a irmã; e os outro dizem que o responsável foi um belo jovem espanhol chamado Pedro Calderón. Calderón era da criadagem do Papa Alexandre, e era o incumbido de transportar as correspondências entre pai e filha.

• o certo é que, por algum tempo, ele realmente foi amante de Lucrecia Bórgia, mas não há como provar se ele a engravidou ou não.

• foi documentado que ao descobrir o romance entre sua irmã e Pedro, César, desvairado de raiva e de ciúme o esfaqueou, porém o rapaz conseguiu chegar aos aposentos do Papa e sujou sua batina de sangue. Pedro Calderon escapou desta vez, mas a sorte não lhe sorriria novamente. Pouco depois, ele seguiu o destino de Giovanni Bórgia e surgiu morto no rio Tibre. E o assassino foi também o mesmo de Giovanni: César Bórgia.

César Bórgia

SEXO: AINDA TEM MAIS?!?! (???)

• com o assassinato do irmão, César pode se beneficiar amplamente. No ano seguinte ele largou a batina com o pretexto que ele mesmo tinha de cuidar das riquezas da família. Ganhou o título de Duque de Gandia, que antes era do irmão, e planejava se casar com a filha do poderoso Duque de Guyenne, sobrinha do rei da França, Charlotte d'Albert.

• assim, César Bórgia põe em ação mais um de seu planos malignos e sangrentos: poder matar o próprio Afonso de Biscegli. Lucrecia estava grávida agora, e César conseguiu convencer a irmã e o cunhado a ir ter a criança em Roma, que nasceu e foi chamado de Roderigo.

• em julho de 1500, pouco depois da chegada do casal, Afonso foi surpreendido por um grupo de homens fortemente armados esperando-o na praça de São Pedro. Ele foi apunhalado, mas conseguiu fugir até os aposentos de Lucrecia, onde caiu gravemente no chão. Afonso se recuperava. Lucrecia e sua cunhada, Sanchia de Aragão, cuidavam de Biscegli e com medo de envenenamento, elas próprias faziam a comida do duque.

> • porém, em uma noite de descuido de Lucrecia e Sanchia, César e um criado entraram sorrateiramente nos aposentos de Afonso e o enforcaram. Foi dito que quando saíram do quarto, César se deparou com Lucrecia do lado de fora.

• ela gritou de horror, adivinhando o acontecido. Lucrecia Bórgia passou a história como a culpada deste assassinato. Dizia-se que Biscegli foi vítima de um de seus venenos, apesar de a acusação não ter fundamento algum, apenas na história pitoresca de Vitor Hugo.

• toda a visão de Victor Hugo foi patrocinada pelas invenções de um certo satirista. Filofila, protegido secretamente pelos Orsini, difamava Alexandre e sua família por Roma. Toda noite, um novo cartaz sobre a família papal aparecia nas ruas. Filofila cantava sobre as orgias no Vaticano, dizia que o papa tinha "vinte filhos naturais" – *o que não deixava de ser verdade.*

• que Alexandre, além de financiar a campanha de seu filho César com dinheiro das simonias (*isso é verdade*!), tinha ordenado que sua filha Lucrecia se deitasse com os cardeais, para, no dia seguinte, poder envenená-los com um pozinho branco, escondido em um compartimento de seu anel; "a mulher Bórgia é até uma pessoinha bem culta", dizia Filofila, "sua cultura foi muito bem aprendida quando ela se deitava com o poetas que cantavam sobre sua beleza"!

• dizia Filofila, "a filha do papa adora copular. Pode ser com seu irmão, pai, poeta, cachorro, bode, ou até um macaco".

• ele falava que César tinha transformado "um irmão em corno e outro em cadáver". "Assassinato é sua violência mais sutil e estupro é seu prazer mais necessário". Com detalhes, Filofila descrevia a suposta relação incestuosa de César e Lucrecia.

> • mas para danação do sátiro, certo dia seus restos apareceram mutilados, na porta do castelo de seus senhores Orsini.

• o filho primogênito do papa era um jovem incomum: dotado com a beleza firme e clássica dos Bórgias, também tinha os defeitos de sua família. Por vezes cruel, frio e ambicioso, muito ambicioso. Para se ter uma idéia da mente gananciosa deste típico príncipe do Renascimento, o maior sonho de César Bórgia era colocar a Itália sob uma só cabeça, a dele próprio.

• finalmente, em finais de 1501, Lucrecia Bórgia casa-se com Afonso d'Este. Muda-se para Ferrara, onde o pai de seu novo marido é duque.

> • nunca mais se encontraria com o irmão ou tampouco com o pai. Alexandre VI, o famoso Papa Bórgia, morre em 18 de agosto de 1503, talvez por sua sífilis. Porém, é mais provável que a real causa de sua morte fosse veneno: ele, com seu filho César, organizou um banquete para o cardeal Adriano Castelense, mais conhecido como Cardeal Cornetto. Cornetto era simplesmente o cardeal mais rico de Roma – já que todos os outros cardeais poderosos haviam su-

SEXO: AINDA TEM MAIS?!?! (???)

cumbido um a um pelo famoso "Veneno dos Bórgia". Por ordens do papa, foram servidos dois caldeirões de sopa de nabos: um dos caldeirões, com um veneno letal, para ser servido ao cardeal Cornetto. Porém, o plano falhou. Por um engano da criadagem, o papa e seu perverso filho acabaram por se servir da sopa envenenada, enquanto o cardeal serviu-se da sopa sã. César e o pai adoeceram gravemente, mas apenas o papa veio a morrer.

• como sua vida, a morte papal também virou lenda. Foi altamente comentado como o corpo de Alexandre VI ficou roxo e inchado, de tal modo que foi trabalhoso colocá-lo dentro do caixão e fechá-lo. Igualmente cochichada foi a pressa para sepultar o Santo Padre (no séc. XV dos Bórgias profanassem seu corpo).

• com a eleição do papa Júlio II, um velho inimigo dos Bórgia, César viu seus planos totalmente arruinados. César casou-se com a princesa Charlotte de França, ganhou o título de duque de Valentinois, e entrou para a história como 'O Duque Valentino'. Foi imortalizado por Maquiavel em sua obra-prima, *O Príncipe*, que tomava César Bórgia como o exemplo de bom governante e habilidade política. César foi morto em 1507, lutando pelos seus ideais absolutistas, em uma emboscada na Espanha.

• vocês lembram de Maquiavel, já falamos nele, claro que o pobre Maquiavel teve seu príncipe identificado com os príncipes da época!!!

• a filha do papa, Lucrecia, desde que se casou com Afonso, duque de Ferrara, passou a viver uma rotina que o pai jamais poderia imaginá-la. Da Lucrecia sempre sorridente, presença cativa nas festas exuberantes não havia restado nada. Ela, agora duquesa de Ferrara, e vivendo bem longe da vigilância do pai e do irmão, era uma mulher sóbria e com a vida completamente voltada para a caridade. Deu à luz a outros quatro filhos, foi boa mãe e esposa perfeita. Protetora das artes e das letras, acolheu em sua corte muitos gênios da época: Tiziano, Ariosto, Strozzi, Bembo entre outros. Morreu em 1519, após um parto difícil, 16 anos após a morte de Alexandre VI.

"A Ressurreição", afresco. Pinturicchio pintou o papa Alexandre VI a esquerda, túmulo de Cristo.

"Santa Susana". A imagem santa provavelmente está representada com o rosto da favorita do papa Alexandre, Giulia Farnese.

Sexo: ainda tem mais?!?! (???)

"A Disputa de Santa Catarina", detalhe da parte direita da pintura. O melhor dos afrescos, segundo os críticos. Este detalhe focaliza Lucrecia Bórgia como Santa Catarina (de pé), e seu irmão César não é o sultão ao fundo, como dizem os desinformados, e sim o imperador sentado no Trono.

O título da obra de Leonardo Da Vinci é "Dama com Arminho", mas é amplamente conhecido que a mulher retratada é Cecília Gallerani, uma das favoritas de Ludovico "il Moro", senhor de Milão. Cecília, então aos quinze anos, captou os olhos de Ludovico por sua beleza, inteligência, e o típico espírito de mulher do Renascimento. Era dedicada às artes e letras, uma suma poetiza. Reafirmou seu poder ao dar o primeiro filho homem ao seu poderoso amante, o bastardo César.

Sexo: ainda tem mais?!?! (???)

*Túmulo de Alexandre VI e de seu
tio, também papa, Calisto III.*

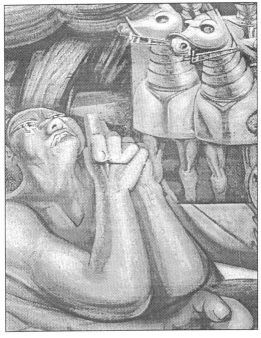

Cuauhtemoc Redivivo.

O pormenor desta cena épica colhe o momento de fraqueza de um companheiro do herói, que suplica aos vencedores por sua vida.
Palácio das Belas Artes, Cidade do México.
(Piroxilina sobre Masonite; 220 x 172 cm; 1947)

Sexo x Poder x Paixão

→ Neste capítulo vou enfocar basicamente algumas mulheres que exerceram sobre seus amantes uma influência que só tudo isso que comentamos até agora podem tentar explicar. Foram selecionadas por uma princesa, Michael of Kent, em um livro chamado:

> **AS GRANDES AMANTES DA HISTÓRIA**

→ Em *As Grandes Amantes da História* a autora concentra-se nas mulheres que o todo poderoso soberano, o homem mais rico e de maior poder do reino, *escolheu* amar. Defrontado com a perspectiva de um casamento político sem amor, para quem esse governante se voltou a fim de compartilhar seu coração, seus pensamentos e suas preocupações, para abrir sua alma e confortar seu corpo?

• cinco dessas mulheres foram as escolhidas, cada uma delas o grande amor de um rei. A maioria dos leitores certamente conhece seus nomes, mas a vida delas está, com freqüência, encoberta por tanta fantasia e falsidade que o único atributo que nunca os é negado é a mística vinculada a uma mulher que conquistou, e conservou, o coração de um rei.

• este não é um estudo da política de alcova, e tampouco uma animada travessura pelos *boudoirs* reais, coberta de lendas envolvendo " as grandes horizontais". A preocupação da autora também não é a paixão das mulheres e o favor dos reis.

• as cortesãs reais, neste livro, não participaram de relacionamentos passageiros ou conquistas de uma única noite. Não eram mulheres possuídas e descartadas sem zelo ou meramente vistas como "a outra" – havia muito mais em jogo que um simples *affaire* ou uma convulsão doméstica.

• todas representaram uma grande paixão, o *grand amour* do soberano. De diferentes maneiras, cada uma delas alterou a vida do monarca – e, por vezes, o curso da história.

> • a meta do livro é explorar as alternativas escolhidas por cinco governantes comprometidos com casamentos políticos ou desprovidos de amor. Quais foram as razões por trás da escolha do rei? Qual foi o resultado de cada decisão real das principais personagens deste livro?

• cinco mulheres fascinantes cujas vidas transpuseram quase quatro séculos. Suas origens diferiam intensamente; no entanto, cada uma tornou-se a amante querida de um monarca.

• trata-se de um estudo da ambição e motivação feminina, da ganância e também do altruísmo, do amor e do ódio, da paixão e devoção e também da autodestruição. No decorrer de toda a história a natureza humana demonstrou uma profunda e duradoura necessidade de deuses e deusas, heróis e heroínas, do mesmo modo como homens e mulheres, reis e cortesãs, nunca deixaram de ansiar pelo romance.

• unidas em seu eterno tema de amor, cada uma das heroínas escolhidas era bela, inteligente, atraente; e os reis cujos corações elas conquistaram eram homens que valiam a pena ser conquistados. HRH Princesa Michael of Kent não preocupa exaltá-las ou desculpá-las, nem fazer julgamentos morais do seu comportamento. Todos precisam ser vistos levando-se em conta o cenário de sua época, e sua vida avaliada dentro da estrutura da sociedade em que viviam.

• assim como a vida particular de um grande homem é propriedade pública, o mesmo parece ser verdadeiro com relação às mulheres da sua vida. O público tem o desejo de compartilhar seus grandes momentos, suas tristezas e alegrias, muitas vezes sem nenhum outro motivo além daqueles das mulheres que viveram a vida ao lado de um grande homem.

Diane de Poitiers
1499-1566
Amante de Henrique II da França.

Nell Gwyn
1650-1687
Amante de Carlos II da Inglaterra.

La Marquise de Pompadour
1721-1764
Amante de Luís XV da França.

Maria Walewska
1786-1817
Amante do Imperador Napoleão I
da França

Lola Montez
1818-1861
Amante do Rei Luís I da Baviera.

Angústia.

*Museu de Arte de São Paulo.
(Vinilite sobre Eucatex, 1950).*

Diane de Poitiers.

Duquesa de Valentinois, amada de Henrique II da França. Ela era dezenove anos mais velha do que o rei.

Catarina Médici a cavalo.

Ela inventou um método para prender a saia à cela, expondo dessa maneira suas bonitas pernas.

Diane de Poitiers.

Aos cinqüenta anos de idade, pintada nua como a deusa Diana.

" Pretty, Witty"

Nell Gwyn, num retrato de Lely.

Jeanne Antoinette Poisson.

Marquesa de Pompadour; possivelmente a mulher mais culta da França no século XVIII.

Luis XV, "o Bem-Amado".

Ele era considerado o homem mais bonito da França.

Retrato de Maria Walewska, de David.

Ela era descrita como possuidora de uma expressão particularmente suave, fazendo com que as pessoas pensassem num anjo ou numa dríade.

Napoleão e Josefina.

Napoleão divorcia-se de Josefina depois que a gravidez de Maria prova que ele pode gerar uma dinastia.

Lola Montez.

Luiz I da Baviera encomendou este retrato ao pintor da corte Stieler para sua Galeria das Beldades de Munique.

SEXO: AINDA TEM MAIS?!?! (???)

Estão curiosos, não???!?

Leiam o livro, é fantástico!!!

Sexo x Doença

→ As doenças venéreas, ou seja, as doenças transmitidas pelo sexo, são conhecidas desde a Antiguidade.

• as doenças sexualmente transmissíveis (DSTs) ou doenças venéreas são infecções que se transmitem através de algum tipo de contato sexual. Eram chamadas de doenças venéreas em relação a Vênus, deusa grega do amor. Historicamente, as DSTs sempre foram um problema importante na sociedade, devido a sua forma de transmissão e todo o preconceito aí envolto. Os médicos romanos, alguns séculos antes de Cristo, recusavam-se a tratar da "doença indecente".

- Nos últimos vinte anos o comportamento sexual de um grande número de pessoas alterou-se substancialmente, com o início de uma vida sexual mais cedo e com o fator promíscuo a ser impulsionador e um aumento das doenças sexualmente transmissíveis.
- O que de algum modo agrava a situação, é que, juntamente com uma maior liberdade sexual, as pessoas não tiverem nem têm acesso a uma educação sexual, não sabem como as DSTs são transmitidas e têm vergonha em procurar a ajuda de um especialista.

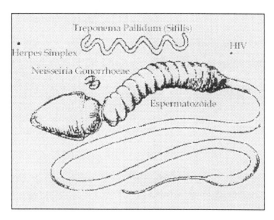

> *Milhões de espermatozóides são ejaculados em apenas uma relação sexual. Os espermatozóides conseguem atravessar orifícios ou fissuras microscópicas mínimas nos preservativos, com freqüência suficiente para causar gravidez e provar que os preservativos NÃO são um método eficaz na prevenção da gravidez. Se os preservativos não conseguem impedir os espermatozóides, como é que eles poderiam impedir os vírus, inclusive o HIV, mostrados em escala comparativa. Somente a cabeça do espermatozóide mede cerca de 3 mícrons e o vírus HIV mede cerca de 0,1 mícron (ou seja, é aproximadamente dez mil vezes menor do que um milímetro).*

• A automedicação é a "ajuda" mais recorrida provocando no organismo desequilíbrios e resistências a antibióticos; recentemente descobriu-se que algumas doenças (Condiloma, Acuminado, Herpes Genital) atuam como fatores precursores de cancro de útero.

SEXO: AINDA TEM MAIS?!?! (???)

➔ Vírus da Aids avança e contamina 5 milhões em 2003.

• o número de pessoas que vivem com o vírus da Aids está crescendo em todas as regiões do mundo, e, em 2003, 5 milhões de pessoas foram infectadas, um número recorde. Estas revelações fazem parte do relatório anual publicado pela Organização das Nações Unidas (ONU), cuja edição sobre o ano passado foi apresentada em julho.

• conforme os dados divulgados em Paris, o número de pessoas que vivem com o HIV continua crescendo e passou de 35 milhões, em 2001, para 38 milhões em 2003. A proporção de mulheres infectadas tem crescido regularmente, sendo que, em 2002, cerca da metade dos portadores do vírus eram do sexo feminino. A epidemia também está afetando os jovens de maneira desproporcional: a metade dos novos casos de infecção no mundo corresponde a pessoas entre 15 a 24 anos.

• a África Subsaariana segue sendo a região mais afetada, com 25 milhões de infectados, enquanto na Ásia a epidemia avança com maior rapidez: 1,1 milhão de pessoas contraíram a Aids em 2003. Na Índia há cerca de 5,1 milhões de pessoas infectadas com o HIV, enquanto a América Latina tem 1,6 milhões de pessoas vivendo com a doença. Entre os latinos a epidemia tende a se concentrar principalmente entre os grupos de risco, como viciados em drogas e homossexuais.

• com mais de 3 milhões de consumidores de drogas injetáveis, a Rússia segue sendo um dos países mais afetados pela Aids na Europa Oriental e Ásia Central, com mais de 80% dos infectados abaixo dos 30 anos.

• o relatório revela que o número de infectados também cresce nos Estados Unidos e na Europa Ocidental. Nos EUA, cerca de 950 mil pessoas vivem com o HIV, com a ocorrência de 50 mil infecções nos últimos três anos, especialmente entre a população afro-americana. Na Europa Ocidental, há cerca de 580 mil portadores do HIV, contra 540 mil em 2001.

• um dos dados mais expressivos do relatório global sobre a epidemia de Aids diz res-

SEXO: AINDA TEM MAIS?!?! (???)

peito à doença na África austral, onde a expectativa de vida foi reduzida de 62 para 49 anos. "Em sete países africanos onde a taxa de infecção pelo HIV supera os 20%, a expectativa média de vida de uma pessoa nascida entre 1995 e 2000 caiu para 49 anos, 13 anos a menos do que quando a Aids não existia", afirma o relatório.

• na Suazilândia, Zâmbia e Zimbábue, a esperança de vida para os nascidos na última década cairá para 35 anos sem os tratamentos anti-retrovirais, adverte o relatório. "Nos países mais afetados da África oriental e austral, a possibilidade de um jovem de 15 anos morrer antes dos 60 anos tem aumentado de forma considerável."

• segundo a Onuaids, "sem uma reação muito forte contra a Aids, a população dos países africanos cairá 14% até 2025". O relatório destaca fatores como "a pobreza, a instabilidade social, o índice elevado de ou-

> tras doenças sexualmente transmissíveis, o *status* da mulher, a violência sexual e a falta de liderança" como os principais responsáveis pela expansão da Aids na África austral. A estes fatores se soma a miséria na região, onde em 6 dos 10 países mais afetados "15 milhões de pessoas precisam de ajuda alimentar de emergência".

• poderia ficar escrevendo dias e dias sobre doenças venéreas, não é o caso específico aqui, são apenas toques e lembranças destas doenças que nos levaram tanta gente, deixou-nos com Friedrich Nietzsche, que a sífilis levou para encerrar o capítulo.

➜ Friedrich Wilhelm Nietzsche nasceu a 15 de outubro de 1844, em Rocken, localidade próxima de Leipzig, na Alemanha. Teve severa formação religiosa, pois tanto seu pai como seus dois avôs foram pastores protes-

Friedrich Nietzsche

tantes. Depois da morte do pai e do irmão, em 1849, Friedrich mudou-se, acompanhando a mãe e a irmã, para Naumburg, cidadezinha às margens do Saale.

• Continuando seus estudos em Bonn e Leipzig, dedicou-se sobretudo à Filologia. Foi nomeado, em 1869, professor de Filologia em Basiléia, posto que ocupou durante dez anos. Ao mesmo tempo, interessava-se pela Filosofia, principalmente, depois de ter lido *O Mundo como Vontade e Representação*, de Schopenhauer.

• Teve início nessa época sua amizade com o compositor Richard Wagner. O músico vivia então com Cosima, a filha de Liszt, por quem Nietzsche veio a se apaixonar. Seduzido pelos dramas musicais de Wagner, Nietzsche passou a tratar, na universidade, das relações entre a música e a tragédia grega, esboçando as idéias que iria apresentar na obra *O Nascimento da Tragédia*.

ANOS DIFÍCEIS:

• Em 1870, a Alemanha entra em guerra com a França. Nesse conflito, Nietzsche serviu como enfermeiro, embora por pouco tempo: adoeceu, contraindo difteria e disenteria.

• em 1871, escreveu *O Nascimento da Tragédia*, obra em que, segundo alguns autores, através das figuras de Schopenhauer e Wagner, fala o verdadeiro Nietzsche. O livro foi mal acolhido pela crítica, o que levou o autor a refletir sobre a incompatibilidade existente entre o "pensador privado" e o "professor público".

• amargurado, perdia pouco a pouco seus velhos interesses, ao mesmo tempo que progrediam as enfermidades: dores de cabeça e de estômago, perturbações oculares, dificuldades na fala. Ao cabo de uma licença, retomou as atividades universitárias, mas seu precário estado de saúde deixaram-lhe a voz quase imperceptível.

• em 1879, pede demissão de seu posto na universidade.

• iniciou, a partir dessa época, sua grande crítica dos valores, com a obra *Humano, Demasiado Humano*.

• em 1880, publicou *O Viajante e sua Sombra*. Essas obras levaram-no ao rompimento definitivo com Wagner e com a filosofia de

Schopenhauer. Passou a rejeitar a noção de "vontade culpada", adotando a de "vontade alegre". Mas para isso era necessário destruir obstáculos como a moral e a metafísica: o homem, criador de valores, esquece-se de sua própria criação, vendo nela algo de transcendente, eterno e verdadeiro.

• no verão de 1881, Nietzsche estava em Haute-Eglantine, na aldeia de Silvaplana, quando formulou, pela primeira vez, o conceito do "eterno retorno": o mundo passaria indefinidamente pela alternância da criação e da destruição, da alegria e do sofrimento, do bem e do mal.

• mergulhado em profunda solidão, Nietzsche recebeu a notícia da morte de Wagner (1883), o que agravou seu estado de prostração. Sucederam-se alternâncias entre euforia e depressão.

• depois de 1888, sua fase mais grandiosa e criadora, passou a escrever cartas assinadas ora por "Dionísio" ora por "O Crucificado". Acabou sendo internado em Basiléia.

SEXO: AINDA TEM MAIS?!?! (???)

• diagnosticou-se uma "paralisia progressiva", provavelmente de origem sifilítica. A doença evolui lentamente, culminando em apatia e agonia.

• Nietzsche morreu em Weimar, a 25 de agosto de 1900.

El Coronelazo.

*Polêmico e irreverente, este quadro lembra que David A. Siqueiros combateu pela Espanha republicana com o grau de coronel. Palácio das Belas Artes, Cidade do México.
(Piroxilina sobre Masonite; 122 x 100 cm; 1945).*

Artes x Sexo x Kama Sutra

HISTÓRIA DO KAMA SUTRA

→ O *Kama Sutra* foi escrito para a nobreza da Índia por um nobre Vatsyayana, em alguma época entre 100 e 400 d.C. Escrito originalmente em sânscrito, está inserido na concepção de mundo da religião hindu. Seus ensinamentos, embora conduzam ao prazer, visam, em primeiro lugar, à elevação espiritual do homem, em sua trajetória religiosa

• a palavra *Kama* significa amor, prazer, satisfação. É um dos três sustentáculos da religião hindu. Os outros são *Dharma* e *Artha*. *Dharma* é o mérito religioso e *Artha* a aquisição de riquezas e bens.

• os hindus acreditavam que aquele que praticar *Dharma*, *Artha* e *Kama*, sem se tornar escravo das paixões, conseguirá

SEXO: AINDA TEM MAIS?!?! (???)

êxito em todos os seus empreendimentos. Em outras palavras, deve-se desfrutar as riquezas e os prazeres sexuais sem jamais perder a virtude religiosa.

• naqueles dias, o nobre típico hindu levava uma vida de luxo ocioso e tinha bastante tempo livre para se dedicar, se assim o desejasse, ao aprendizado e ao aperfeiçoamento das habilidades sociais, sexuais e artísticas descritas em livros como o *Kama Sutra*.

➜ esperava-se do cidadão ideal que dedicava sua vida à conquista de três metas:

- **DHARMA - AQUISIÇÃO DE MÉRITO RELIGIOSO;**

- **ARTHA - AQUISIÇÃO DE RIQUEZAS E**

- **KAMA - AQUISIÇÃO DE AMOR OU PRAZER SEXUAL.**

• o *Kama Sutra* pretendia ajudar na terceira destas metas. Muitos de nós não somos tão voltados a religião, mas buscamos desenvolvimento pessoal e realização; muitos de nós não aspiram grandes riquezas, mas sim ter o dinheiro suficiente para viver confortavelmente; e a maioria de nós quer um relacionamento sexual carinhoso.

> • o Kama Sutra era destinado aos homens, pois as mulheres, na época, eram submissas, mas isto não quer dizer que ele ignora as necessidades femininas.

• "em resumo, a pessoa sagaz e prudente, que leva em conta *Dharma*, *Artha* e *Kama*, sem se tornar escrava de suas paixões, é bem-sucedida com todos os seus empreendimentos".

Baseado:

• *livro "Kama Sutra – Guia de Bolso" de Anne Hooper, Editor Ediouro.*
• *livro "Kama Sutra de Vatsyayana – versão de Sir Richard Burton – Ediouro.*
• *Revista Big Man Internacional – Kama Sutra Número 01ª - Edição 455 – Ano XVII.*

Kama Sutra (reedição).

O *Kama Sutra* de Vatsyayana é considerado um clássico sobre a habilidade e a arte indianas do sexo e do amor. O livro data do século III de nossa era, mas só no século passado tornou-se conhecido no Ocidente. Desde então, as traduções se sucedem, em virtualmente todas as línguas civilizadas e nos mais variados tipos de edição.

• este livro analisa as técnicas sexuais, ao mesmo tempo em que faz comentários sobre as situações que homens e mulheres da antiga Índia tinham de enfrentar. Ao dar conselhos sobre a maneira de se comportar naquelas situações, o *Kama Sutra* buscou descobrir quais as melhores maneiras de se conseguir a felicidade e o prazer.

• o *Kama Sutra* é hoje o mais conhecido livro do amor. Embora seja um livro sobre sexo, é preciso considerar que o livro enfatiza a arte e os modos que uma pessoa deve praticar o sexo, envolvendo todos os cinco sentidos: audição, tato, visão, paladar e olfato, além da mente e da alma.

Preliminares do Amor.

• o seu nome provém da divindade masculina hindu *Kama*, que simboliza o desejo e o amor carnal, e *Sutra*, que significa conjunto de ensinamentos, no antigo sânscrito.

• o *Kama Sutra* traz um conjunto de regras sobre a prática do amor, segundo os princípios da filosofia indiana, que eleva o sexo a uma experiência sexual magnífica. As exigências físicas para realização das posições do *Kama Sutra* o tornaram famoso, pois algumas parecem perfeitas acrobacias e outras, lembram as posições usadas na yoga.

A Espiral do Amor
(uma das 12 posições básicas do amor)

SEXO: AINDA TEM MAIS?!?! (???)

• o livro não é apenas um manual de posições. Além de descrever, detalhadamente, 64 formas de amar, consideradas essenciais, pretende também ser um guia para desenvolver o erotismo e a sensualidade de ambientes, situações e pessoas.

• velas e óleos aromáticos, comidas afrodisíacas, perfumes e músicas, fazem parte de todo o ritual. Nos próprios desenhos que ilustram o manual, é fácil perceber como estavam sempre enfeitados com tecidos leves, coloridos e sensuais e cheios de adornos como colares e brincos.

Fonte: Anne Hooper – Kama Sutra.
http://www.ediouro-livros.com.br

**Pela Completa Segurança de
Todos os Mexicanos.**

*A mística figura no alto, entre as mulheres e
o operário morto, representa o progresso.
Hospital Distrital, Cidade do México.
(Vinilite sobre tela preparada;
300cm²; 1952 – 1954).*

Meus Comentários não-finais... Bill Clinton x Mônica Lewinsky x Ansiedade Erotizada

→Bill Clinton, somente páginas em português – 111.000 resultados na web em 23/04/2004.

• a primeira referência:

> **1. Bill.**
>
> **Bill Clinton.** Qual a diferença entre Mônica e o resto dos americanos?
> Quando os americanos querem um pênis na Casa Branca, só têm direito a votar ... o **Bill Clinton.**
> www.angelfire.com/ak2/bronkasoft/bill.html

• no mesmo dia, na web inteira, 7.970.000 referências ao Bill ...

Bill Clinton

1. idéias – **Mônica Lewinsky** é objeto de estudos – 14/07/2001.
... Sábado, 14 de julho de 2001. **Mônica Lewinsky** é objeto de estudos. A estagiária da Casa Branca **Mônica Lewinsky**, que marcou a história recente dos Estados Unidos por seu ...
www.jb.com.br/jb/papel/cadernos/ideias/2001/07/13/joride200107130-10.html
mais resultados deste site

• foram encontrados, em toda web, 708.000 com referencias à **Mônica Lewinsky**.

1. A Guide to the **Mônica Lewinsky** Story.
Prosecutors return. **Lewinsky's** dress. ABC news. Clinton avoids indictment. The Washington post. Clinton on starr. And impeachment. Online newshour. **Lewinsky** appears. On larry king.cnn

SEXO: AINDA TEM MAIS?!?! (???)

Mônica Lewinsky

> transcript. A guide to the **Mônica Lewinsky** story ...
> An overview of **Monica Lewinsky**: role: signed an affidavit for Paula Jones ...
> www.coffeeshoptimes.com/monica.html

→vocês observaram o número de citações na Internet, sobre estas duas pessoas ... ok ... o homem foi Presidente dos Estados Unidos, gente fina ... ela, estagiária no lugar mais vigiado do planeta:

WHITHE HOUSE

• ou em português campeiro mesmo, "Casa Branca", onde normalmente reside o Presidente da nação americana, uma nação que tem características extremamente especiais que vou enunciar a seguir, porque só assim dá para entender o fato; vou colocar as bases da sociedade americana em quadros resumidos e desta torta de muitos pedaços, com uma cereja do tamanho de **Clinton** x **Mônica Lewinsky.**

SEXO: AINDA TEM MAIS?!?! (???)

O inocente mito americano Bases reais das crenças
Igualitarismo Várias faces americanas
ESTRANHO APEGO AO PASSADO
Amadurecimento – Instituições – Políticas
Concepção pessimista do homem e da sociedade
Deliberada fragmentação do poder Cooperação entre poderes
Hipertrofia do executivo
Dez emendas dos direitos humanos
Poder da Imprensa

• existe um filme chamado "Revelações" estrelado por Anthony Hopkins, Nicole Kidmann e que inicia com uma voz no fundo ... dizendo ...

> • ... era 1998, podíamos estar tranqüilos, o Vietnam estava esquecido, nós éramos poderosos e podíamos dar-nos luxo de discutir em nível nacional as proezas de **Clinton** x **Mônica**.

• ... a ansiedade erotizada do presidente pode ser uma parafilia, mas só naquele momento, naquela cultura e naquele país, tal fenômeno inspirado pela sexualidade poderia acontecer.

• tudo isso que relatei neste capítulo vocês podem ouvir com o fundo musical de "American Grace".

Currículo
Prof. Dra. Fátima Deitos

1. Médica – Universidade Federal de Santa Maria, 1973.
2. Professora Titular de Neuropsiquiatria da Universidade Federal de Santa Maria, 1974-2001.
3. Mestrado em Psiquiatria.
4. Doutorado em Psiquiatria.
5. Pós-Doutorado em Psicofarmacologia, Universidade Complutense de Madrid.
6. Presidente da Sociedade Internacional de Estudos da Criança, Gestão 96-98.
7. Membro Expert da Sociedade Ibero-Americana de Informação Científica - www.siicsalud.com

8. *Prêmios recebidos por trabalho comunitário, criatividade e interiorização em saúde mental:*

⇨ *Podhium Pesquisa;*
⇨ *Destaque RS – Mulher;*
⇨ *Qualidade Símbolo;*
⇨ *Estrela do Mar;*
⇨ *Guarita;*
⇨ *Master.*

9. Autora e Coordenadora de livros como:
    a) *Mito de Orfeu – Distúrbios da Comunicação,* 1995.
    b) *Mito de Tespis – Psicologia da Criança,* 1995.
    c) *Mito de Ulisses – Stresse, Câncer & Imunidade,* 1997.
    d) *Mito de Zéfiro e Flora – Diálogo Corporal,* 1997.
    e) *Mito de Cérbero – Esquizofrenia,* 1998.
    f) *Mito de Thelksis – Distúrbios do Sono,* 1999, etc.

10. Participação em livros:
    a) Temas de Medicina do Sono, de Rubens Reimão, 2000.
    b) Ética, Moral e Deontologia Médicas, de Andy Petroianu, 2000, etc.

11. Proprietária e Orientadora Científica do Laboratório de Eletroneurofisiologia.

Impressão e Acabamento
na Gráfica Imprensa da Fé